공기 파는 사회에 반대한다

공기 파는 사회에 반대한다

상품이 된 공기, 공포가 된 공기, 미세먼지 프레임으로 읽는 각자도생 한국사회

ⓒ장재연, 2019. Printed in Seoul, Korea

초판 1쇄 펴낸날	2019년 5월 14일
초판 4쇄 펴낸날	2022년 4월 15일
지은이	장재연
펴낸이	한성봉
편집	안상준·하명성·이동현·조유나·박민지·최창문·김학제
디자인	전혜진·김현중
마케팅	박신용·오주형·강은혜·박민지
경영지원	국지연·강지선
펴낸곳	도서출판 동아시아
등록	1998년 3월 5일 제1998-000243호
주소	서울시 중구 퇴계로30길 15-8 [필동1가 26]
페이스북	www.facebook.com/dongasiabooks
전자우편	dongasiabook@naver.com
블로그	blog.naver.com/dongasiabook
인스타그램	www.instagram.com/dongasiabook
전화	02) 757-9724, 5
팩스	02) 757-9726
ISBN	978-89-6262-280-5 03300

이 도서의 국립중앙도서관 출판예정도서목록(CIP)은
서지정보유통지원시스템 홈페이지(http://seoji.nl.go.kr)와
국가자료공동목록시스템(http://www.nl.go.kr/kolisnet)에서
이용하실 수 있습니다.(CIP제어번호: CIP2019016693)

만든 사람들

책임편집	조유나·김태현
디자인	김현중
본문 조판	김경주

상품이 된 공기, 공포가 된 공기
미세먼지 프레임으로 읽는 각자도생 한국사회

공기 파는 사회에 반대한다

장재연

동아시아

프롤로그

봄과 겨울이면 창문을 걸어 잠그고 공기청정기를 돌리고, 유해 사업장에서나 사용하는 마스크를 숨 쉬기 힘든데도 참고 쓰고 다니는 기괴한 풍경이 일상이 됐다. 일반인에게는 별다른 건강 문제를 일으키지 않을 만큼 오염도가 낮은 날조차 정부와 언론의 호들갑으로 이런 광경을 다 보게 되면서 미세먼지가 세상을 뒤덮고 있는 게 아니라 공포가 세상을 뒤덮고 있다고 생각했다.

이렇게 미세먼지에 대한 공포에 휩싸여 있으면서도 석탄화력발전소나 경유차, 산업체 등에서 미세먼지 배출량을 줄이자고 하면 제대로 된 대책이 아니라 하고, 심지어는 매국노라고 비방하며 생떼까지 부린다. 미세먼지에 대한 공포만 있고 대책은 없다. 공포는 정확하게 알지 못해서 생긴다. 또 우리가 통제할 수 없다고 믿을 때 공포는 더욱 커진다. 그래서 무엇보다도 시민들이 과도한 공포에서 벗어나도록 미력이나마 보태야겠다고 생각했다. 그것이 환경의학·환경보건

전공자의 사회적 책임이기 때문이다.

미세먼지에 대한 불안감은 환경을 개선하는 동력으로 작용할 수 있다. 그러나 과도한 공포는 정책 오류와 혈세 낭비, 2차 피해를 불러일으킨다. 아이에게 강제로 마스크를 착용시키는 부모들, 야외 수업을 하지 말라고 교실 창문을 걸어 잠그라고 학교로 전화하는 학부모들은 그것이 오히려 아이들을 숨 막히게 하고 건강을 해친다는 사실을 모른다. 수돗물 수질에 대한 염려를 정수기와 생수로 해결하고, 과도한 난방 때문에 건조해진 실내를 가습기로 해결하려다가 미세플라스틱 오염, 가습기 살균제 참사를 초래했다. 과거의 경험을 교훈 삼아 미세먼지에 대한 과도한 공포가 불러올 2차 피해와 혈세 낭비를 막아야만 한다.

미세먼지는 세계 모든 나라가 겪었고 지금도 겪고 있는 문제이다. 과거 최악의 미세먼지에 신음했던 미국과 유럽, 일본의 도시들은 에너지 사용을 줄이고 청정연료로 전환하고 미세먼지 배출을 규제하는 정책을 통해 지금은 세계에서 가장 깨끗한 도시로 탈바꿈했다. 우리도 그들과 같은 경험과 경로를 따라 점차 개선해왔다. 그러나 2013년부터 정부와 일부 언론인, 전문가들이 미세먼지에 대해 남 탓만 하며 국민들이 각자도생하도록 유도하는 거짓 정보와 가짜 뉴스를 쏟아내면서 미세먼지 오염 개선에 걸림돌이 되고 있다.

전 세계 어디에서도 찾아볼 수 없는 미세먼지에 대한 거짓과 억측이 난무하는 모습을 보며, 기초적 사실과 상식조차 왜곡하는 잘못을 바로잡지 못하면 대한민국 사회는 희망이 없다고 생각했다. 무엇이라도 해야 했다. 왜곡된 언론 환경과 정부, 학계의 철저한 외면과 따돌림 속에서 개인 블로그에 글을 쓰고 강연하는 것 말고는 다른 길이 없었다.

알고 있는 내용과 너무 달라 충격적이고 믿기 어렵다던 처음의 분위기가 조금씩 바뀌고 귀 기울여주는 분들이 하나둘 늘어나면서 강연 요청도 점점 많아졌다. 언론 인터뷰 요청이 급증하고 동시에 모함과 비방, 욕설도 폭발적으로 늘었다. 불순한 동기로 그런 사람들도 있겠지만, 대개 자기 믿음에 반하는 이야기를 들으면 그렇게 반응하기도 한다. 욕설조차 반응이라고 생각하면 좋은 일이어서 더 열심히 강연하고 글을 썼다. 그러다 보니 그간 쌓인 글이 많아져서 정리해 책으로 엮어야 한다는 권유도 늘었다. 결국 '아직 다 쓰지 못한 글이 많은데'라는 주저함은 '이 책을 읽어보세요'라고 간단히 답변해야 할 필요성에 밀렸다.

믿음과 사실이 다를 때가 많다는 것을 우리 모두 잘 알고 있다. 그러면서도 믿고 싶은 것만 믿는 것이 인간의 한계이다. 천동설은 1,000년이 훨씬 넘는 세월 동안 진실로 통했다. 행성이 어느 시기에는 역행한다든가 하는, 천동설로는 설명할 수 없는 이상 현상이 관찰되어도 천동설 자체를 의심하지 않았다. 가짜 과학의 도움을 받아 모순을 얼버무렸다.

천동설에 가장 크게 기여한 사람은 고대 그리스의 천문학자이자 수학자인 프톨레마이오스이다. 그가 만든 우주 모형은 사실이 아닌 것을 수학적으로 설명하려고 하다 보니 몹시 복잡하고 기괴하다. 그러나 천동설을 굳게 믿던 사람들은 자신들이 믿고 있는 혹은 믿고 싶은 것을 모형과 수학으로 설명해주니 무척 만족스러웠을 테다.

오늘날 대한민국의 학계, 정계, 언론 그리고 시민들까지 신봉하고 있는, 미세먼지를 설명하는 과학은 마치 천동설과 같다. 미세먼지를 화석연료와 쓰레기 소각 등 우리 생활과 산업에서 발생한 것으로 보지 않고, 모두 이웃나라에서 온 것이며 우리는 피해만 보고 있다고 믿는다. 지난 5년간 미세먼지 천동설은 아무것도 해결하지 못했다. 공포에 떨며 이웃나라에 대한 분노만 키웠을 뿐이다. 이웃나라는 미세먼지 오염도를 40%나 개선하는 동안 우리는 제자리걸음만 하면서 허송세월했다.

지구가 우주의 중심이 아니라 태양 주변을 도는 행성이라는 지동설을 받아들이는 순간, 복잡하고 기괴한 우주 모형으로 억지로 설명하던 천동설의 모순은 바로 해결된다. 마찬가지로 미세먼지 천동설을 버리는 것이 미세먼지 문제 해결의 선결 조건이다.

　이 책은 지난 5년간 미세먼지에 대한 국민의 공포를 이용해 이득을 취해온 미세먼지 천동설의 진위와 프톨레마이오스의 실체를 밝히고 우리가 잘못된 신념을 과학으로 착각할 때 나타나는 부작용을 알리기 위해 쓴 글들을 엮은 것이다. 미세먼지에 대한 공포를 없애고 대책을 세우려는 사람들, 공기 파는 사회에 반대하는 사람들에게 조금이나마 도움이 됐으면 좋겠다.

3부 비과학은 어떻게 믿음이 되었나
: 잘못된 뉴스의 생산과 확산을 말하다

4부 공기는 왜 개인의 책임이 되었는가
: 공기가 모두의 것이 되려면

1부

먼지의 과학
: 공포가 된 공기,
과학으로 자세히 읽기

먼지의 이론과 실제

: 공기오염, 지금이 최악일까

많은 국민이 과거에는 우리나라 공기가 좋았는데 최근 미세먼지 오염도가 급격하게 악화됐다고 생각한다. 심지어는 지금이 역대 최악의 수준이라고 믿는다.

2014년 질병관리본부 연구 용역으로 서울 등 7대 광역도시 주민을 대상으로 설문 조사를 실시했는데, 최근 미세먼지 오염이 급격하게 악화됐다는 응답이 87.7%였다. 10년 전과 비교해서 어떤지 묻는 질문에도 나빠졌다는 의견이 80.4%(매우 나빠졌다 23.4%), 변화가 없다는 의견이 16.5%였으며, 개선됐다는 의견은 극소수인 3.1%였다.

이런 의견은 성, 연령, 거주 지역, 직업, 주 생활 장소 등에 따라 별 차이가 없었다. 여러 해 전 조사이기는 하지만, 그동안 미세먼지에 대한 국민적 우려가 더 심해졌다는 사실을 감

그림1 미세먼지 오염 변화 설문조사 응답 결과[1]

안하면 현재 우리 국민의 보편적 인식과 별 차이가 없을 것으로 생각된다.

서울 등 대도시에서 오래 살았다면 과거 하루만 지나도 와이셔츠가 새카맣게 되거나 손과 얼굴이 심하게 더러워지던 경험을 상당수 해봤을법한데, 개선됐다는 응답은 극소수에 그쳤다. 과거에는 공기가 깨끗한 지역에서 살다가 지금은 공기가 나쁜 지역에서 살고 있는 사람들도 있을 것이다. 미세먼지에 대한 관심이 많아지면서 더 예민해졌을 가능성도 있다. 그럴 경우 객관적 사실과 상관없이 과거보다 미세먼지 오염도가 심해졌다고 생각할 수 있다.

실제 오염도 변화와 상관없이 과거에 비해 미세먼지 오염이 나빠졌다는 여론이 높다는 사실은 미세먼지에 대한 우려가 매우 높음을 의미하고, 따라서 정부가 미세먼지 개선을 위해 더 노력해야 할 필요성을 보여준다. 그러나 아무리 절대다수 국민의 인식이라 해도 그것이 사실이 아니면 과학적 사실을 대치하거나 부정할 수는 없다. 모든 사람이 천동설을 믿는다고 해서 태양이 지구 주변을 공전하지는 않는 것과 마찬가지이다.

먼지란 무엇인가

그림2는 서울시의 지난 10여 년간 미세먼지(PM10) 고농도 오염 발생 빈도를 나타낸 것이다. 미세먼지 연평균 오염도가 지속적으로 감소 추세였던 2012년까지 상대적으로 고농도 오염이라 할 수 있는 $100\mu g/m^3$ 이상인 날의 빈도가 뚜렷하게 줄어들었음을 볼 수 있다. 훨씬 더 오염도가 높은 $150\mu g/m^3$ 이상인 날이나 $250\mu g/m^3$ 이상인 날 역시 감소했다. 2012년 이후 미세먼지 연평균 오염도가 일시적으로 다시 증가하자 고농도 오염 발생 빈도 역시 일시적으로 증가했다가 그 후에는 다시 감소하고 있다.

'그동안 미세먼지 오염도가 감소했다고 하지만 중국발 미세먼지의 공습이나 황사와 같은 특수 상황의 발생 빈도가 증가하면서 고농도 오염인 날이 증가했을 것'이라는 짐작은 사실이 아님을 미세먼지 측정 자료는 보여주고 있다.

대기 중에는 크기나 성분이 다른 매우 많은 종류의 먼지가

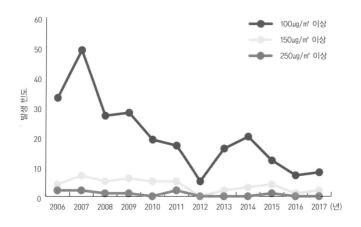

그림2 서울시 미세먼지 고농도 오염 발생 빈도

섞여 있다. 그 전체를 측정하면 TSP^{Total Suspended Particles}(총부유먼지)가 되고, 그중 입경이 10μm(마이크로미터) 이하인 것만 따로 모아 측정하면 PM10, 2.5μm 이하인 것만 측정하면 PM2.5이다. 각각이 별도로 존재하는 것이 아니고 공기 중에 함께 섞여 있는데, 단지 어떤 방식으로 측정해서 평가했는가의 차이가 있을 뿐이다. 우리나라도 2000년까지는 TSP를 측정하고 총부유분진이라고 불렀다. 그런데 입경이 10μm보다 더 큰 입자는 코에서 대부분 걸러지기 때문에 부유먼지 중에서 건강에 미치는 영향을 더 잘 반영하는 흡입성 먼지^{Inhalable Particles}인 10μm 이하의 먼지 농도만 측정하는 편이 더 바람직하다고 여겨졌다.

그래서 지난 수십여 년 동안 전 세계적으로 대기 중 먼지 오염도 측정은 대부분 PM10을 기준으로 삼아왔고, 역학연구 등 먼지와 관련한 대다수 학술연구도 이 자료를 활용했다.

최근에는 대기 중 먼지가 기관지나 폐만이 아니라 심장이나 다른 기관에도 영향을 미칠 수 있으며, 이런 영향은 폐포에서 혈액으로 이전될 수 있는 입경이 2.5μm 이하인 미세먼지Fine Inhalable Paricles에 의한 것이므로 PM2.5를 측정하는 것이 더 유용하다는 주장이 미국 학계를 중심으로 제기되어 관련 역학연구 결과들도 다수 발표됐다.

이에 미국은 대기 중 먼지 오염도 측정과 관리 기준 등을 PM2.5로 빠르게 교체하기 시작했다. 다른 나라들도 PM2.5 측정망을 확대하고 있지만 비용 문제도 있고 기존 관리 방식에 큰 문제가 없기에 여전히 많은 나라에서 PM10을 활용하고 있다. 중국은 미국 방식을 가장 빠르게 수용해 대부분 측정망에서 PM2.5를 측정하고 있다.

우리나라는 서울에서 2000년대 초반 시범적으로 PM2.5를 측정하기 시작했으나 환경부의 전국적인 공식 통계는 2015년부터 집계하고 있다. 따라서 전국적으로 장기적인 PM2.5 변화 추세를 직접 확인할 수 있는 정부의 공식 측정 자료는 없는 실정이다.

그러나 학술연구 자료를 통해 과거의 PM2.5 오염도를 추

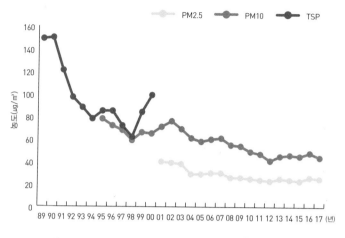

그림3 TSP, PM10, PM2.5로 평가한 서울시 대기 중 먼지 오염도 추세

정할 수 있다. 표1은 미세먼지 중 발암 성분과 그로 인한 돌연변이원성을 다룬 나의 박사 학위 논문을 위해 1986년 한 해 동안 서울시에서 미세먼지(PM2.5)를 측정한 결과이다. 당시에도 이미 학자들은 공기 중 입자가 크기에 따라 발생원이나 성분이 다르고 그에 따라 독성이나 건강 영향에서도 차이가 있다는 사실을 잘 알고 있었다. 나 역시 공기 중 입자를 입경에 따라 구분해 PM2.5와 그보다 입경이 큰 입자를 나눠 포집해서 농도를 측정하고 각각의 돌연변이원성과 그 안에 함유된 미량 성분을 분석하는 연구를 했다.

1986년 서울에서 1년간 측정한 PM2.5(표 맨 아래 '미세입자') 농도는 연평균 $109\mu g/m^3$로 지금보다 약 4배 높은 수준이었다. 겨울철과 봄철에는 월평균 오염도가 $150\mu g/m^3$을 넘어서기도 했고 최저치조차 $80\mu g/m^3$이 넘었다. 겨우 여름철과 초가을에만 월평균 오염도가 $100\mu g/m^3$ 아래일 정도였다. 언론에서는 현재의 PM2.5 농도가 과거보다 증가했다고 주장하기도 하는데, 이는 사실일 수가 없다.

1980년대에 우리나라 주요 도시들은 세계 최고 수준으로 대기오염이 극심했고, 1988년에는 서울 올림픽이 열리는 동안 대기오염 수준을 어떻게 문제없이 유지할지가 초미의 관심사였다. 당시 나는 5단계 특별 계획을 수립하고 각각의 효과를 평가하는 모델을 구축해 오염도를 예측하는 연구를 했

		1월	2월	3월	4월	5월	6월	7월	9월	10월	11월	12월
샘플 수		7	7	7	7	7	7	7	7	7	7	7
총부유입자 (TSP)	평균	212	193	190	154	153	107	73	94	98	173	202
	최대	339	296	235	246	212	273	118	117	133	328	264
	최소	108	119	100	86	70	68	50	80	63	62	84
조대입자 (Coarse Particles)	평균	52	42	45	37	54	38	26	32	28	45	51
	최대	98	57	68	61	85	58	42	37	45	86	99
	최소	26	15	17	22	19	19	16	26	12	17	5
미세입자 (Fine Particles)	평균	160	151	145	117	99	68	48	61	70	128	151
	최대	241	247	181	189	131	115	76	83	93	242	205
	최소	80	102	83	85	82	43	33	51	48	45	79

표1 1986년 서울시 미세먼지 오염도[2]

는데, 환경기준을 가장 맞추기 어려울 것으로 예측된 대기오염물질이 바로 먼지였다.

정부는 다른 지역은 몰라도 최소한 경기가 열리는 잠실 지역만이라도 환경기준에 맞추기 위해 대책을 강구하느라 골몰했고, 연료, 자동차, 난방 등에 대한 장기적 대책은 물론이고 올림픽 기간 중 차량 2부제 실시, 산업체 30% 가동 중단이라는 극약 처방까지 제시했다. 실제로 올림픽 기간 중 시민들의 생활과 밀접한 연탄 공급과 목욕탕 가동을 중지시키기도 했다.

당시 맞추려고 노력했던 먼지 오염도는 TSP로 $150\mu g/m^3$이었는데, 실제 서울 올림픽 기간 중 농도는 $212\mu g/m^3$였다고 보도됐다. 당시는 PM10이나 PM2.5를 상시적으로 측성하지 않던 시절이어서 정확한 농도는 알 수 없으나, 1986년 한 해 동안 서울에서 측정한 결과 PM2.5가 TSP에서 차지하는 비율이 월별 64~79%, 연평균 70%였으므로 TSP가 $212\mu g/m^3$이라면 PM2.5는 $130\mu g/m^3$이 넘는 수준이었다고 볼 수 있다.

지금 기준으로는 매우 높은 농도에서, 그래도 성공적으로 대기질을 관리했다고 자평하며 올림픽 경기를 치른 것이다. 올림픽 이후인 1989년과 1990년 서울시 TSP 연평균 농도는 $150\mu g/m^3$이었다.

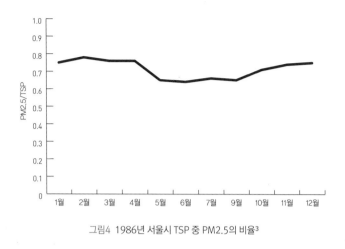

그림4 1986년 서울시 TSP 중 PM2.5의 비율[3]

실제 미세먼지 오염도 변화

미세먼지 오염도는 상당히 오랜 기간 체계적으로 측정·평가되어왔다. 아주 오래전에는 비공개 비밀자료인 적도 있었지만, 많은 사람의 노력으로 모든 통계가 전문가들뿐 아니라 대중에게까지 실시간으로 공개되고 있다.

정부의 공식 측정 자료에 따르면 우리나라 주요 도시의 미세먼지 농도 변화 추세는 그림5, 그림6과 같다. 서울, 부산, 대구의 미세먼지 오염도는 지속적으로 감소 추세를 보이고 있다. 세 도시 모두 2012년 최저 수준을 기록했고 2013년에는 다시 높아졌지만, 서울은 악화 추세를 보이는 반면 부산은 다시 감소 추세를 이어가고 있고 대구 역시 비슷한 수준을 유지하는 정도이지 악화되고 있지는 않다.

인천과 광주는 2000년대 중반 이후 감소 추세가 뚜렷하다가 2012년 이후로는 오르내리고 있지만 10년 전에 비해서는 많이 개선된 수준이다. 울산 역시 지속적인 감소 추세이고, 대전은 서울과 마찬가지로 2012년 이후 다소 악화되는 추세를 보이고 있다.

정부 통계의 신뢰성 자체를 전면 부정하려는 극단적인 사람들도 있기 마련이지만, 미세먼지가 건강에 해롭다는 역학 연구들 또한 이 통계 자료를 이용해 연구 결과를 도출한 것이다.

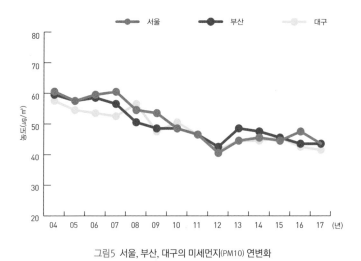

그림5 서울, 부산, 대구의 미세먼지(PM10) 연변화

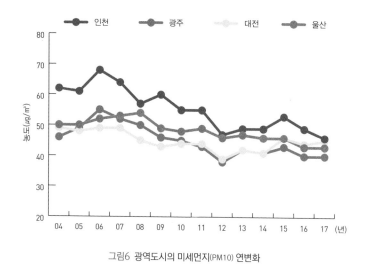

그림6 광역도시의 미세먼지(PM10) 연변화

평균값은 낮아졌지만 중국 때문에 오염도가 매우 높아지는 특수한 날이 많아진 것 아니냐고 질문할 수 있다. 그러나 오염도가 높은 날 역시 과거가 지금보다 훨씬 많았다.

인터넷에 모두 공개되어 있는 미세먼지 측정값이나 그에 관한 연구 자료나 통계를 조금만 들여다보면, 미세먼지 오염도는 우리나라 대부분 도시에서 지금이 최악이 아니며 장기간 지속적으로 개선되어왔음을 쉽게 알 수 있다. 아직도 도달해야 할 수준에는 한참 미치지 못했지만, 그래도 최악의 대기오염 상태에서는 빠져나왔다고 할 수 있다.

집집마다 사용하던 연탄(석탄)의 비중을 줄이고, 석유 등 연료의 품질을 개선하고, 자동차와 산업체 연소시설에 저감

장치를 부착하고, 천연가스 사용 비율을 높이고, 경유 가격을 조정해 경유 승합차 수요를 억제하는 등의 대기오염 관리 정책을 펼친 덕분이다.

그림7에서 볼 수 있듯이 일부 지역은 대규모 개발이나 인구 유입 등에 따라 미세먼지 오염도가 증가 추세를 보이고 있다. 이들 도시에만 거주했던 주민들 입장에서는 지금이 역대 최악의 미세먼지 오염 상태일 수 있다. 이런 도시들은 향후 미세먼지 저감 노력을 소홀히 하다가는 다른 지역들의 대기 상태가 개선됨에 따라 전국에서 가장 미세먼지 오염이 심한 지역으로 전락할 수도 있다.

과거에는 서울은 오염된 도시, 제주는 청정지역으로 여겼

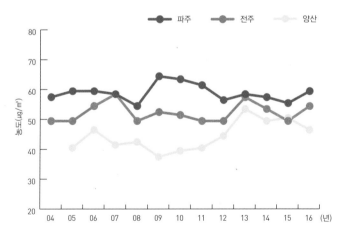

그림7 미세먼지 오염도 상승 위험 도시들 (분석 및 그림: 장재연, 측정자료 출처: 《대기환경연보 2017》, 2018년)

다. 그래서 서울의 대기질 개선 목표가 2014년까지 제주도 수준을 달성하는 것이었다. 서울의 미세먼지 오염도가 2012년까지는 개선되면서 차이가 계속 줄어들다가 그 후로 오히려 악화되는 바람에 목표 달성은 어려워 보였다.

그런데 제주시의 미세먼지 오염도가 서울시보다도 훨씬 가파르게 악화되면서 2014년에는 진짜로 서울시 미세먼지 오염도가 제주시보다 좋아졌다. 서울시 미세먼지 오염도가 개선돼서 목표에 도달한 것이 아니라 제주시 미세먼지 오염도가 악화돼서 역전된 것이다.

이 사례는 최근 우리나라 미세먼지 오염도의 변화 상황을 잘 보여준다. 오염이 심했던 대도시는 어느 정도 개선된 반면, 청정지역은 사라지고 오히려 지방이 미세먼지 오염도가 더 높아지기 시작했다. 이제는 '수도권 대기질'을 위해서가 아니라 '전국 대기질 특별조치'를 위해 중앙정부가 노력하고 세금을 써야 한다는 뜻이다.

결론적으로 현재 미세먼지 오염이 역대 최악이라는 주장은 대다수 지역에서 사실이 아니지만, 기존의 청정지역 중에는 과거에 비해 오염이 많이 악화된 곳도 있다.

인식과 사실의 괴리

'역대 최악', '치솟는 미세먼지', '사망' 등의 자극적 주장으로 국민들의 불안감을 조장하고 선동해서 자신의 이익을 추구하는 인물이나 집단은 실제 미세먼지 저감에는 걸림돌이 될 뿐이다. 7대 광역도시 미세먼지 측정 자료에 따르면 과거에 비해 많이 개선된 것으로 나타났지만, 주민 설문 결과에서는 미세먼지 오염도가 개선됐다고 생각하는 비율이 단 3.1%에 불과했다. 천동설을 믿던 시절에 그것을 의심한 사람들의 비율도 이보다는 높지 않았을까 싶을 정도로 실제 측정 자료와 국민들의 인식 사이에는 엄청난 괴리가 있다.

인식과 실제 상황과의 차이는 의외로 자주 발생하는 현상이다. 환경의학에서도 대중이 위해하다고 인식하는 정도와 실제 위험도 사이에는 차이가 있으며, 그 발생 원인과 해소 방안에 대해 많은 학술연구와 대처 방안이 제시되어 있다.

과거에 비해 오염도가 개선됐다고 개선 노력을 중단하거나 게을리해서는 결코 안 된다. 바로 오염이 다시 심해지기 때문이다. 또한 미세먼지 오염도가 개선되었다고는 하지만 더 개선해야 한다. 따라서 국민들의 커다란 우려는 환경 개선의 강력한 동력으로 작용할 수 있다는 점에서 매우 긍정적인 현상일 수도 있다.

그렇다고 해도 과학적 또는 역사적 사실 자체를 왜곡해서는 곤란하다. 지금이 최악의 상황인 것처럼 선동하면서 이미 과거에 실행했던 이런저런 정책이나 대안 또는 황당무계하고 효과 없을 대책을 마치 대단히 새롭고 기발한 것처럼 마구잡이로 들이밀곤 하는데, 그래서는 정책 혼란을 가중시켜 문제 해결에 방해만 된다.

대기오염 문제 해결은 오염 발생원을 줄이는 것밖에 방법이 없다. 과거에 줄이지 못했던 오염원, 빠뜨린 소소한 오염원까지 개선해야 추가적인 개선 효과를 볼 수 있다.

○

먼지의 공포

: 한국식 '초미세먼지'의 탄생부터 '1급 발암물질' 명명까지

학생 시절, 사회 수업 시간에 '한국적 민주주의'라는 용어를 배운 게 떠오른다. 우리나라 실정에 맞는 민주주의라니, 멋진 용어라고 생각했다. 나중에 대학에 가서야 유신 독재를 감추기 위한 용어라는 사실을 알게 되었다. 국제적으로 통용되는 용어를 다르게 사용할 때는 뭔가 불순한 의도가 있다는 사실을 깨닫게 해준 강렬한 경험이었다.

언제부터인가 '초미세먼지'라는 용어가 등장했다. 처음에는 정부나 언론에서 주로 썼고, 학계에서는 잘못된 용어라는 지적도 없지 않았다. 그런데 이제는 환경과 보건 분야 학자들까지 거침없이 이 용어를 사용하고 있다. 2019년 2월부터는 미세먼지 특별법에 의해 법적 용어가 됐다.

입경이 2.5μm보다 작은 먼지를 초미세먼지라고 한다는 것인데, 유독 우리나라에서만 신조어를 만들어 쓰는 셈이다. 미국과 유럽 등에서는 'fine particles', 일본에서는 '미소입자상물질微小粒子狀物質', 중국에서는 '세과립물細顆粒物'로 부르고 있다. 전부 미세한 입자라는 뜻으로 우리말 '미세먼지'에 해당한다.

그렇다면 역으로 초미세먼지를 영어로 번역하면 무엇이 될까? 'ultrafine particles', 'extra fine particles' 또는 'hyperfine particles' 등이 될 것이다. 실제로 'ultrafine particles'란 용어가 국제적으로 널리 사용되는데, 크기가 $0.1\,\mu m$ 이하인 먼지를 지칭한다. 일본과 중국에서도 미세먼지를 뜻하는 단어 앞에 超(초)를 덧붙인 초미소입자, 초세과립물 등의 용어는 ultrafine particles를 의미한다.

$0.1\,\mu m$는 $100\,nm$(나노미터)에 해당하니 초미세먼지는 나노입자를 뜻한다고 보면 된다. 나노 물질 시대를 눈앞에 두고, 지금은 ultrafine particles의 건강 영향에 대해 아는 것이 거의 없지만 앞으로 그에 대한 관심이 높아지면 우리는 뭐라고 번역해서 불러야 할까? '초초미세먼지'라고 해야 할까?

미세먼지(PM2.5)는 새로 등장한 대기오염물질?

모든 나라가 미세먼지라고 부르는 오염물질을 왜 우리는 초미세먼지라고 부를까? 초(超, ultra)라는 글자 때문에 초미세먼지는 우리가 지금까지 알고 있던 미세먼지와는 전혀 다른 존재라는 착각을 불러일으킨다. 독성도 훨씬 강하고, 손쓰기 무척 어려운 대기오염물질이 새로 나타났다고 생각하게 만든다.

초미세먼지라는 새로운 용어가 등장하면서 다음과 같은 주장이 일반화되었다. "초미세먼지는 1급 발암물질로 매우 독성이 강하므로 조금이라도 노출되면 피해를 입는다. 초미세먼지의 주원인은 중국발 미세먼지이다. 따라서 중국이 대책을 세우지 않으면 정부도 어쩔 수가 없다. 건강 피해를 줄이기 위해서는 외출을 삼가거나 반드시 마스크를 착용해야 한다." 이는 매일 방송되는 일기예보를 통해 모든 국민에게 각인되었다.

초미세먼지라고 새롭게 이름 붙인 PM2.5는 실상 새로운 것이 아니다. 무언가를 태웠을 때 완전 산화되어 가스로 되지 않으면 입자 형태로 남게 되는데, 입자들 크기가 같을 수는 없기 때문에 결국 공기 중에는 크기가 조금씩 다른 입자들이 함께 섞여 있기 마련이다. 제일 작은 것부터 2.5μm까지 모아서 측정하면 PM2.5이고, 좀 더 큰 10μm 입자들까지 모아서 측정하면 PM10이 될 뿐이다.

미세먼지는 석탄, 석유 등 화석연료만이 아니라 나무나 고기, 생선 등 무엇을 태우든 발생하기 마련이어서 인류가 원시시대부터 매일매일 노출되어온 익숙한 오염물질이라고도 할 수 있다. 바닷물이 증발해서 생기기도 하고, 미생물 활동으로 배출되는 가스가 대기 중 화학반응을 일으켜 생기기도 하는 등 자연적으로도 생성된다.

정부가 최근 PM2.5 측정망을 확대 구축하고 있지만, 우리나라도 이미 30년 전부터 PM2.5에 대한 연구를 진행했다. 나 역시 1986년에 박사 학위 논문을 위해 PM2.5 농도만이 아니라 미량 함유된 발암성 물질과 돌연변이원성까지 분석했고, 그 결과를 학술논문으로 발표하기도 했다.

PM10이든 PM2.5이든 미세먼지가 국민 건강에 악영향을 끼친다는 점은 아주 오래전부터 적어도 전문가들 사이에서는 잘 알려져 있던 사실이다.

'초미세먼지' 용어, 어떻게 사용해야 하나?

그렇다면 초미세먼지라는 용어를 어떻게 하면 좋을까? 고용노동부가 「산업안전보건법」에서 '흡입성분진'이나 '호흡성분진'등 비교적 정확한 의미로 번역한 용어를 사용하고 있는 것에 비추어 볼 때 환경부가 PM10을 '미세먼지', PM2.5를 '초미세먼지'라는 법적 용어로 만든 것은 아쉬움이 많다.

미세먼지는 이미 오랫동안 사용해온 용어이고, 실제로 황사 때와 같은 특수상황을 제외하고는 PM10의 60% 이상이 PM2.5이다. 미세먼지 관리대책이란 것도 도로 물청소 등 일부 대책 이외에는 사실상 PM10, PM2.5가 크게 다르지 않다. 미국 외에 전 세계 대부분 국가가 PM10을 관리기준으로 하고 있어도 별문제가 없는 이유이다.

그러니 지금까지 환경부가 해온 대로 미세먼지라는 용어를 그대로 사용하되 굳이 구분해서 표시할 필요가 있을 때에는 국제적으로 많이 사용하는 방식대로 PM10, PM2.5란 약칭, 또는 '미세먼지(PM10)'나 '미세먼지(PM2.5)' 등으로 표시하면 될 일이다. 법적 용어를 바꿀 것이면 아예 국제적인 명칭과 같게 PM10을 흡입성먼지, PM2.5는 미세먼지로 했어야 한다.

용어가 그리 중요하냐고 반문할 수도 있으나 환경부가 그간 해온 대기오염 정책 왜곡, 그리고 그 기만책에 수많은 사람이 넘어간 현실을 보면 용어를 제대로 정의하고 사용하는 일은 매우 중요하다.

'한국적 민주주의'라는 용어 대신 '민주주의'라는 용어를 사용함으로써 진짜 민주주의가 발전하기 시작했다는 사실을 유념하자. 초미세먼지라는 용어는 나노입자 시대의 ultrafine particles를 부르는 이름으로 남겨둬야 할 것이다.

미세먼지는 '1급 발암물질'인가?

세계보건기구WHO의 IARCInternational Agency for Research on Cancer(국제 암연구기관)는 발암물질을 5개 그룹으로 분류하고 있다. '그룹 1'은 지금까지의 연구 결과를 종합해볼 때 사람에게 암을 일으키는 것이 확실하다고 전문가들이 결론 내린 화학물질이나 기타 유해인자를 포함한다. '그룹 2A'는 최종 결론을 내리기에는 약간 부족하지만 거의 분명한 수준, '그룹 2B'는 암을 일으킬 가능성은 있지만 아직 연구 결과가 부족해서 결론을 내리기 힘든 수준을 말한다. '그룹 3'과 '그룹 4'는 다른 그룹에 속한 물질들보다 발암성이 낮거나 없기 때문에 발암성을 염려하지 않아도 되는 수준이다.

여기서 그룹 1, 그룹 2A, 그룹 2B는 발암성이 더 강력한가 덜한가를 구분한 것이 아니다. 지금까지 밝혀진 연구 결과들이 사람이나 동물에 대한 발암성 여부를 결론 내리기에 충분한지 아닌지에 따라 분류했을 뿐이다. 당연한 말이지만 발암물질은 윤리적 문제로 사람에게 실험할 수 없다. 따라서 어

그룹 1	사람에게 암을 일으키는 물질 (The agent is carcinogenic to humans.)
그룹 2A	사람에게 암을 일으킬 개연성이 있는 물질 (The agent is probably carcinogenic to humans.)
그룹 2B	사람에게 암을 일으킬 가능성이 있는 물질 (The agent is possibly carcinogenic to humans.)
그룹 3	사람에게 암을 일으키는 물질로 분류되지 않은 물질 (The agent is not classifiable as to its carcinogenicity to humans.)
그룹 4	사람에게 암을 일으키지 않을 물질 (The agent is probably not carcinogenic to humans.)

표2 IARC 발암물질 분류[4]

떤 유해인자가 인구집단에서 암을 증가시키는지 확인하려
면, 상당히 오랜 기간 대규모 인구집단을 관찰해야 한다. 그
런데 결론을 내릴 수 있을 때까지 마냥 기다리고만 있을 수
는 없기에 발암성이 의심되는 증거가 있으면 일단 발암물질
목록에 포함시켜 주의 · 관찰하는 것이 사전예방의 원칙에
부합한다. 그래서 이런 체계가 채택된 것이다.

실제로 그룹1에는 석면, 벤젠 등 잘 알려진 발암물질만 포
함된 것이 아니다. 경구피임약, 자외선, 술, 담배는 물론 소시
지, 살라미, 버거 등의 가공육과 같이 우리에게 친숙한 것들
도 포함되어 있다.

진짜 우리가 관심을 기울여야 할 발암성이 높은 유해인자

들은 오히려 그룹2에 포함된 것일 수 있다.

IARC의 발암물질 그룹 2B

전문가들뿐 아니라 IARC 스스로도 가장 혼란스럽다고 인정하는 범주가 바로 그룹 2, 특히 그룹 2B이다. 그룹 2B는 향후 연구가 더 진행되어 결론을 내릴 수 있을 때까지 보류해놓은 범주라고 할 수 있다. 그런데 물질마다 보류 이유가 각기 다를 수밖에 없어서 전문가들도 그룹 2B에 대해서는 명확한 개념을 잡지 못하는 경우가 많다.

보통은 동물실험 결과 암을 일으킨다고 볼 수 있지만 사람에게 암을 일으킨다는 증거가 아직 없거나 가능성이 낮은 경우 그룹 2B에 포함한다. 그러나 이런 경우에도 그룹 1이나 그룹 2A 못지않은 수준으로 규제나 관리를 해야 한다.

인구집단에 대한 역학연구가 아직 충분하지 않다는 이유로 제대로 규제나 관리를 하지 않았다가 훗날 피해가 발생하고 나서야 사람에 대한 발암성이 확인되었으니 분류를 바꾸고 규제를 강화하겠다고 한다면, 그야말로 '소 잃고 외양간 고치기'일 테니 말이다.

IARC는 인구집단을 대상으로 한 역학연구 결과를 사람에 대한 발암성을 판단하는 가장 중요한 자료로 인정한다. 그러나 동물실험 결과 발암성이 확실하고 그 결과가 사람에게도 암을 일으킬 수 있는 강력한 증거라고 판단되면 인구집단을 대상으로 하는 역학연구 결과가 없어도 그룹 1에 포함한다. 따라서 그룹 2B에 속한 발암물질도 그룹 1이나 그룹 2A와 구분을 두지 않고 규제·관리해야 한다는 주장은 합리적이다.

그룹 1이나 그룹 2A에 속해 있던 물질이 사람에 대한 발암물질이 아닌 것으로 밝혀져 그룹 3으로 옮겨진 사례는 없다. 대부분 더 확실한 그룹으로 옮겨가는 것이 지금까지의 경향이다.

그룹 2B에 포함되어 있다가 발암물질이 아닌 것으로 최종 확정된 사례로는 커피와 사카린이 있다. 그러나 이처럼 아주 드물고 특수한 사례가 그룹 2B 자체에 대한 규제와 예방조치의 필요성을 부정하는 근거가 될 수는 없다. 커피와 사카린은 애초부터 동물 발암성 연구 결과들이 일관성이 부족했던 경우로, 예외적 사례에 해당한다.

IARC 발암물질 그룹 1과 2는 규제에서 구분하지 말아야 한다

발암물질을 그룹 1, 그룹 2A, 그룹 2B로 나누는 것은 연구자료의 양적·질적 내용을 평가하는 암역학 전문가들의 영역이다. 사회적 규제 차원에서는 이들을 구분하지 않는 것이 '사전예방의 원칙'에 부합한다. 이런 판단은 특히 환경보건 및 환경의학 전문가, 환경운동가에게 매우 중요하다.

같은 그룹에 속한 인자들 사이에서도 발암성의 강력함이나 사람들에게 미치는 영향이 크게 차이 난다. 또한 그룹 2에 속하는 물질들이 그룹 1에 비해 발암성이 훨씬 강할 수도 있고, 건강에 더 큰 피해를 입힐 수도 있다.

따라서 발암 가능성이 높거나 있는 것으로 확인되어 그룹 1이나 그룹 2에 포함되었다면, 건강 피해 예방이나 규제·관리에 동일한 원칙이 적용되도록 최선의 노력을 기울여야 한다. 환경운동에서 그룹 1과 그룹 2를 구분하는 것은 어리석은 짓이다.

사전예방 원칙 관철에 해악을 끼치는 용어, '1급 발암물질'

발암물질과 관련해 우리 사회에서 가장 빈번하게 사용되고, 그래서 가장 유명한 용어가 '1급 발암물질'이 아닐까 싶다. 등급의 의미가 없는 '그룹 1' 또는 '1군'이라고 명명해도 '그룹 2' 또는 '2군'과 구분해 관리하려고 할까 봐 염려되는데, 하물며 아예 등급이 높다는 뜻의 '1급'이라는 이름을 붙여버

그룹 A	사람에게 암을 일으키는 물질 (Carcinogenic to humans)
그룹 B	사람에게 암을 일으킬 것으로 생각되는 물질 (Likely to be carcinogenic to humans)
그룹 C	암을 일으킬 가능성을 제기하는 증거가 있는 물질 (Suggestive evidence of carcinogenic potential)
그룹 D	암을 일으킬 가능성을 판단할 정보가 부족한 물질 (Inadequate information to assess carcinogenic potential)
그룹 E	사람에게 암을 일으킬 것으로 생각되지 않는 물질 (Not likely to be carcinogenic to humans)

표3 미국 환경보호청(EPA)의 발암물질 분류[5]

리면 이들을 구분해 관리하는 것을 합리화해줄 수 있다.

　IARC도 의도와 달리 '그룹 1'이 '그룹 2'보다 독성이 더 강력하거나 건강 영향이 큰 발암물질로 오해할까 봐 1st Group, 2nd Group이나 1st Class, 2nd Class 같은 용어를 피하고, 굳이 Group 1, Group 2로 표시하면서 열심히 그 의미를 부연설명하고 있다.

　미국 환경보호청EPA은 그래도 혼란이 있을까 봐 아예 숫자 대신 알파벳을 사용해 발암물질 등급을 Group A, Group B, Group C 등으로 표시한다. 보건국의 NTPNational Toxicology Program 역시 구체적으로 설명하는 용어를 쓴다.

　자기가 주제로 다루고 있는 물질이나 유해요인을 강조하

사람에게 암을 일으키는 것이 알려진 물질
(Known to be human carcinogens)

사람에게 암을 일으키는 것이 합리적으로 예상되는 물질
(Reasonably anticipated to be human carcinogens)

표4 미국 보건국의 NTP 발암물질 분류[6]

고 싶어서 '1급 발암물질'이라는 단어를 쓰는 심정은 이해하지만, 이는 앞에서 설명한 여러 이유로 매우 옳지 못한 용어이다. 동일하게 규제·관리하고 예방해야 할 발암물질 중에서 하나만 다른 것들보다 중요한 것처럼 강조하면, 의도하지 않았더라도 결과적으로 다른 발암물질은 덜 중요한 것처럼 보일 수 있다.

　이런 용어를 환경보건 관계자나 환경단체가 자주 사용하면 '1급 발암물질은 규제 · 관리 대상으로 하고, 2급 발암물질은 좀 더 연구가 진행된 다음에 관리 대상으로 하자'라는 논리를 뒷받침하는 꼴이 되어, 일종의 이적 행위를 하는 것이나 마찬가지라고 비판받을 수 있다.

　실제로 발암물질이 사회적 문제가 되었을 때 기업이나 가해자들이 가장 많이 내세우는 논리가 사람에 대한 발암성은 아직 확인되지 않았다면서 그룹1과 그룹2에 속한 발암물질을 구분하는 것이다. 물론 이는 환경보건의 사전예방 원칙에 어긋나는 주장이다.

어느새 국민들 입에 친숙한 용어가 되어버렸지만 '1급 발암물질'은 원래 의미와는 전혀 다른 매우 잘못된 용어이다. 발암물질에 대한 국민의 인식이나 정부 정책 수립에 혼선을 일으킬 수 있는 심각한 오역이다. 기업이라면 몰라도 환경학자와 환경단체만은 절대 '1급 발암물질' 같은 반환경적이고 몰가치적인 용어를 쓰지 말아야 한다. 더구나 '1급'은 영어 'one'과 'first'의 차이를 구분하지 못한 오역이기도 하다.

한국의 공기오염은
세계 최하위권인가

많은 국민이 우리나라 미세먼지 오염도가 세계 최하위권이라고 생각한다. 미세먼지 때문에 아이가 염려되고 살기 힘들어서 이민을 가려고 한다거나 신경쇠약증으로 고생한다면서 어떻게 하면 좋겠냐고 호소하는 글을 여러 차례 받기도 했다.

인터넷을 보면 우리나라 미세먼지 오염이 세계 최악의 수준이라고 주장하는 기사나 논설을 쉽게 볼 수 있다. 일부 환경단체, 심지어 대기오염을 전공으로 하는 교수들까지 이런 인식의 확산을 조장하고 있다.

무슨 근거로 그러는가 보니 가장 많이 인용하는 자료가 미국 예일대와 컬럼비아대가 2016년에 발표한 환경성과지수[EPI] 분석 결과이다. 우리나라 대기질은 180개국 중 173위, 미세먼지(PM2.5)는 174위이고, 질소산화물은 0점으로 꼴찌라는 내용이다.

예일대 보고서의 실상

이 보고서7는 실제 대기질 측정 자료가 아니라 일부 학자들이 인공위성 자료로 추정한 불확실한 값을 바탕으로 만든 간접 지표로 평가한 결과이다.

그 결과를 보면 우리나라가 173위이고 파키스탄, 인도, 중국 등이 뒤를 잇고 있다. 중국을 세계 최악의 대기오염 국가로 알고 있고 그 영향으로 우리나라도 대기오염이 최악이라고 알고 있는 사람들 입장에서는 언뜻 그럴듯해 보인다.

그러나 대기질이 진짜 세계 최악의 수준인 나이지리아와 아프가니스탄은 각각 126위, 134위로 우리보다 훨씬 높은 순위를 차지하고 있다. 재미있는 점은 나이지리아 바로 아래 127위가 스위스이고, 독일은 137위, 네덜란드는 139위로 아프가니스탄보다 순위가 더 낮다는 것이다.

우리나라가 174위라는 미세먼지(PM2.5) 순위는 일본 134위, 스위스 143위, 네덜란드 149위, 독일 157위 등으로, 환경 선진국으로 알려진 국가들이 우리나라보다 약간 높기는 하나 역시 세계 최하위권으로 평가됐다. 반면에 오염도가 높은 나이지리아나 아프가니스탄은 공동 1위였다. 이 지표에서 무려 122개국이 100점 만점으로 공동 1위를 했다.

순위	국가	대기질
104	일본	77.63
126	나이지리아	72.15
127	스위스	72.09
134	아프가니스탄	70.74
137	독일	69.88
173	대한민국	45.51
175	파키스탄	34.57
178	인도	28.07
179	중국	23.81
180	방글라데시	21.86

표5 예일대 EPI 보고서의 대기질 국가 순위

질소산화물은 우리나라, 네덜란드, 벨기에가 공동 꼴찌이며 독일은 그 바로 위인 177위, 영국 174위, 일본 172위, 덴마크 170위, 프랑스 169위, 스위스 161위이다. 환경 관리가 잘되고 있지 않은 아프리카, 아시아 국가들이 훨씬 순위가 높은 것은 미세먼지의 경우와 마찬가지이다.

우리나라 대기질이 세계 최악이라고 믿고 싶은 사람들도 유럽의 환경 선진국이나 일본까지 아프리카의 나이지리아, 아시아의 아프가니스탄보다도 순위가 뒤처진다는 이 황당한 평가에는 차마 동의하지 못할 것이다.

순위	국가	점수
1	아프가니스탄	100
1	나이지리아	100
1	캐나다	100
1	미국	100
134	일본	92
143	스위스	85
157	독일	77
174	대한민국	29
175	라오스	25
176	파키스탄	14
177	네팔	8
178	방글라데시	0
178	인도	0
178	중국	0

표6 예일대 EPI 보고서의 PM2.5 국가 순위

우리나라 미세먼지 오염도가 선진국에 비하면 아직 높기 때문에 열심히 그들을 쫓아가야 하는데, 이 지표에 따르면 그 선진국들도 모두 세계 최하위권이다. 물론 그 나라들에서 소위 환경 전문가들이 예일대와 컬럼비아대 발표 자료를 근거로 자국이 세계 최악의 미세먼지 오염 국가라며 큰일 났다고 염려하거나 자국의 환경 수준을 비하한다는 소리는 들어본 적이 없다.

신뢰성 검증 없는 대한민국 전문가 집단

이처럼 조금만 주의 깊게 내용을 살펴봤더라면, 황당해서라도 이 평가 결과를 감히 인용하지는 못했을 것이다. 일반인들이야 전문적 내용까지 상세히 살피기 어렵겠지만, 전문가를 자처하는 사람들이라면 변명의 여지가 없다. 인용할 자료가 그렇게도 없는지, 자료를 보기나 하고 인용했는지 의심스럽다. 자기가 인용하려는 자료는 아무리 권위 있는 듯 보이는 기관의 자료라 해도 직접 찾아서 확인해보는 것이 전문가의 책임이고 기본자세이다.

하물며 철저한 리뷰를 거친 학술논문도 아니고, 당사자들이 일방적으로 발표한 자료라면 산출 방법이나 결과를 더욱 상세히 살펴보고 신뢰 수준을 결정해야 한다. 미국 유명 대학이라는 이름만으로 그 결과를 덥석 신뢰하고 반복해서 인용하는 행태는 어쩌면 대한민국의 언론이나 학계가 아직도 사대주의에서 벗어나지 못했음을 보여주는 단면일지도 모른다.

예일대와 컬럼비아대는 2000년대 초에 세계 각국의 환경, 경제, 사회 등 여러 지표를 종합적으로 활용한 환경지속성지

수[ESI]를 발표함으로써 국제사회에 참신한 영향을 주었다. 경제만이 아니라 환경, 사회의 여러 여건을 향상하는 것이 국가의 지속 가능성 유지에 도움이 된다는 국제적 공감대를 이끌어냈다.

그런데 언제부터인가 이들은 환경지속성지수는 중단하고 환경성과지수[EPI]만을 산출해 발표하고 있다. 무려 15년이 지난 지금까지도 평가 지표조차 확정하지 못하고 방황하면서 각국의 순위가 매번 급등락하게 만들어 혼란만 주고 신뢰를 잃었다. 대기질 평가는 아직 과학적으로 입증되지도 않은 인공위성 자료를 바탕으로 한 간접 추정 방식을 사용하는 등의 무리수를 두다가 이런 비상식적 결과를 만든 것으로 보인다.

국제기구 자료에 근거한 평가

세계보건기구는 이미 수십 년 전부터 주기적으로 세계 각 도시의 대기질 자료를 수집해 데이터베이스화하고 있다. 이 자료 역시 도시마다 인구수나 크기가 다르고 측정 방법이나 위치, 목적 등도 차이가 있기 때문에 단순하게 획일적으로 비교하지 않도록 주의해야 한다. 그럼에도 세계보건기구의 자료는 수천여 개 도시의 미세먼지 실제 측정값을 수집한 자료이므로 세계 전체의 상황을 가장 잘 파악할 수 있는 자료이다.

2016년 세계보건기구가 발표한 세계 3,000여 개 도시의 미세먼지(PM2.5) 오염도는 그림8과 같다. 미국, 호주, 뉴질랜드, 북유럽과 서유럽 도시들은 연평균 미세먼지 오염도가 $10\mu g/m^3$ 미만으로 가장 양호한 상태를 보이고 있다. 영국, 독일, 프랑스와 일본 도시들은 그다음으로 오염도가 낮다. 우리나라 도시들은 연평균 오염도가 $20{\sim}39\mu g/m^3$ 수준이다.

미세먼지 오염이 진짜 세계 최악인 도시들은 이집트를 비롯한 아프리카 일부 국가, 사우디아라비아와 카타르를 비롯한 중동 국가, 그리고 아프가니스탄, 파키스탄, 인도, 방글라데시, 네팔, 몽골, 중국 등 아시아 국가에 있는 도시들이다. 우리나라에서는 중국이 세계 최악의 미세먼지 오염국이라고

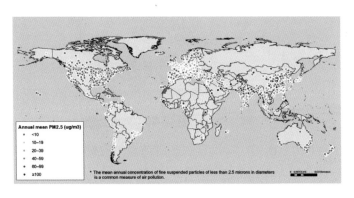

그림8 세계 각 도시의 미세먼지(PM2.5) 오염도 (세계보건기구, 2016년)[8]

알고 있지만, 이들 중에서는 오히려 오염이 낮은 축에 속할 정도이다.

세계보건기구는 그림9처럼 세계 전역의 미세먼지(PM2.5) 오염도를 한눈에 비교할 수 있게 제시하고 있다. 그러나 우리의 호기심을 충족해줄 국가별 순위는 제시하지 않는다. 다만 대륙별로, 또는 소득이 높은 국가와 낮은 국가별로 비교하거나 인구가 매우 많은 거대 도시들을 비교하는 등의 분석 결과만을 제공한다.

미세먼지 측정은 도시 단위로 이뤄지고, 국가마다 미세먼지 측정의 세부 사항이 동일하지 않다. 또한 세계보건기구는 가장 많은 미세먼지 실측값 자료를 갖고 있지만, 아직도 아

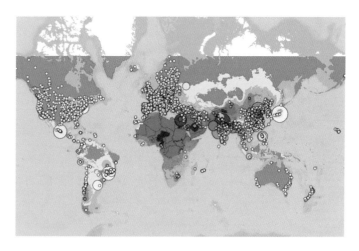

그림9 세계보건기구의 미세먼지(PM2.5) 오염도 세계지도(2018년)[9]

시아와 아프리카, 남미 등은 실측 자료가 부족해서 모델링에 따른 추정치를 사용하는 경우도 많다. 이런 이유로 국가별 직접 비교는 학술적으로 다소 무리가 있다.

미세먼지 오염도 국가 순위를 묻는 질문을 언론 등으로부터 여러 차례 받아왔지만 순위를 매기는 데 거부감이 있어 피해왔다. 그러나 엉터리 자료가 돌아다니면서 사실을 왜곡하고 있는 점을 감안하면 그래도 신뢰도가 가장 높은 세계보건기구 자료에 따라 순위를 파악해 제시하는 편이 바람직해 보인다. 세계보건기구는 국가별로 평균값을 산출해 제시하므로 이 수치를 이용해 국가별 순위를 살펴보는 것은 가능하다.

세계보건기구가 가장 최근에 발표한 도시별, 국가별 미세먼지 오염도 자료는 2018년에 발표한 2016년 오염 추정치이다. 세계보건기구는 108개 국가 4,300개 이상의 도시로부터 미세먼지 실측 자료를 수집했다. 실측 자료가 없는 국가에 대해서는 불가피하게 모델 추정치를 사용했지만 실측 자료와의 검증 과정을 거쳤다. 실측 자료는 사용하지 않고 불확실한 추정치만으로 순위를 제시했다가 대형 사고를 치곤 했던 다른 보고서와는 차별되는 부분이다.

표7은 세계보건기구가 2018년 발표한 194개국의 2016년도 평균 PM2.5 자료를 근거로 오염도가 가장 낮은 25개 국가를 순서대로 정리한 것이다. 뉴질랜드가 연평균 PM2.5 오염도

순위	국가	평균 오염도(㎍/㎥)
1	뉴질랜드	5.7
2	브루나이	5.8
3	핀란드	5.9
3	아이슬란드	5.9
3	스웨덴	5.9
6	캐나다	6.5
7	에스토니아	6.7
8	노르웨이	7.0
9	호주	7.2
10	미국	7.4
11	몰디브	7.6
12	포르투갈	7.9
13	아일랜드	8.3
14	우루과이	8.6
15	마셜제도	9.4
16	스페인	9.5
17	안도라	9.9
18	통가	10.1
19	덴마크	10.2
19	피지	10.2
19	룩셈부르크	10.2
19	미크로네시아	10.2
23	스위스	10.3
23	바누아투	10.3
25	영국	10.5

표7 미세먼지 오염도가 가장 낮은 국가들의 순위와 연평균 PM2.5 값

5.7$\mu g/m^3$으로 세계에서 미세먼지 오염도가 가장 낮았다. 세계보건기구 연평균 가이드라인인 10$\mu g/m^3$을 충족한 국가는 조사 대상 194개국 중 17개국이었다.

오세아니아 대륙의 뉴질랜드가 1위, 호주가 9위, 마셜제도가 15위였다. 핀란드, 아이슬란드, 스웨덴, 노르웨이, 덴마크 등 북유럽 국가들도 최상위권에 포진해 역시 청정 국가임을 보여줬다. 북아메리카의 캐나다와 미국도 각각 6위와 10위로 최상위권이었다. 몰디브와 마셜제도, 통가, 피지, 미크로네시아 등 해양 국가들도 '청정한 섬'이라는 명성에 걸맞게 상위를 차지했다. 또한 포르투갈, 아일랜드, 스페인, 영국 등 규모가 큰 유럽 국가들도 미세먼지를 잘 관리하고 있는 국가임이 확인됐다. 참고로 일본은 33위, 프랑스는 38위, 독일은 39위였다.

한편 표8은 세계에서 미세먼지 오염도가 가장 높은 국가들의 순위와 연평균 PM2.5 값을 나타낸 것이다. 네팔이 94.3$\mu g/m^3$으로 가장 오염도가 높았으며 카타르, 사우디아라비아, 바레인, 카메룬, 이라크, 쿠웨이트 등의 중동 국가와 이집트, 니제르, 카메룬, 차드, 중앙아프리카공화국, 나이지리아 등 다수의 아프리카 국가, 그리고 인도, 방글라데시, 파키스탄, 아프가니스탄 등이 가장 PM2.5 오염도가 심한 국가들이었다. 중국은 16위에 그칠 정도로 현재 아시아와 아프리카의 많은 나

순위	국가	평균 오염도(㎍/㎥)
1	네팔	94.3
2	카타르	90.3
3	이집트	79.3
4	사우디아라비아	78.4
5	니제르	70.8
6	바레인	69.0
7	카메룬	65.3
8	인도	65.2
9	방글라데시	58.3
10	이라크	57.7
11	쿠웨이트	57.2
12	파키스탄	55.2
13	아프가니스탄	53.2
14	차드	53.0
15	중앙아프리카공화국	49.5
16	중국	49.2
17	나이지리아	48.7
18	우간다	48.4
19	수단	47.9
20	적도 기니	45.9
21	예멘	45.0
22	리비아	44.2
23	에리트레아	42.4
24	터키	42.0
25	남수단	41.1

표8 미세먼지 오염도가 가장 높은 국가들의 순위와 연평균 PM2.5 값

라가 매우 높은 대기오염에 시달리고 있다.

그럼 우리나라는 몇 위일까? 우리나라는 연평균 PM2.5 오염도가 $24.6\mu g/m^3$으로 194개국 중 좋은 순서로는 125위, 나쁜 순서로는 70위였다. 좋은 순위는 아니지만, 그렇다고 세계 최악은 아니다. 우리나라보다 순위가 좋은 나라들의 연평균 오염도는 밀집되어 있고 차이가 크지 않기 때문에 연평균 오염도를 $1\mu g/m^3$씩만 줄여 나가도 순위는 크게 상승할 수 있다. 세계보건기구의 3단계 권고 기준인 $15\mu g/m^3$을 달성하면 세계 50위권으로 도약할 수 있다.

미세먼지 오염도 개선은 선진국도 수십 년간 지속적으로 노력해 달성한 것이다. 지금까지의 성과를 평가하고, 부족한 부분은 보완하고 누락된 부분은 새로 대책을 추가해 장기간 흔들림 없이 개선해 나가야 우리도 성취할 수 있다. 그것이 역사의 경험이고 교훈이다.

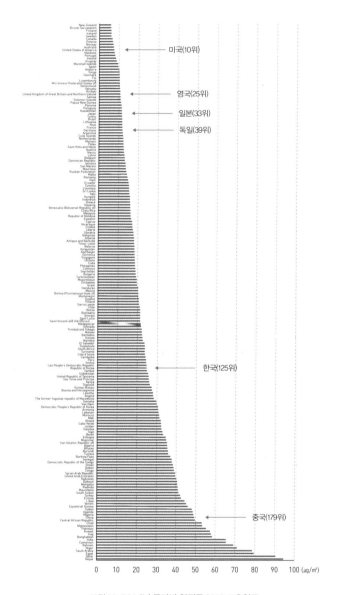

그림10 2016년 국가별 연평균 PM2.5 오염도

미세먼지로 인한
조기 사망자와 질병부담
국가 순위

미세먼지 오염이 일으키는 건강 피해의 심각성을 강조하기 위해 자주 인용하는 수치가 미세먼지로 인한 조기 사망자가 연간 1만 명이 넘는다는 것이다. "중국은 100만 명이 넘는다" 라는 말이 덧붙기도 한다.

'미세먼지로 인한 조기 사망'은 사망진단서에 미세먼지가 사인으로 기록되거나 개별적으로 진단이 내려졌다는 뜻이 아니다. 미세먼지로 인한 조기 사망자 수는 미세먼지 오염도와 질병별 사망률 등 몇 가지 변수를 이용해 통계적 방법으로 추정한 수치이다. 따라서 진짜 사망자 숫자로 착각하거나 그 의미를 이해하지 못하고 잘못 사용하면 오해나 오류가 발생할 수 있다. 이 수치는 미세먼지 저감의 보건·경제·사회적 효과를 평가하기 위해 개발된 것이다.

미세먼지로 인한 조기 사망자 수는 과거 학자들이 추정한 자료들이 들쭉날쭉해서 많은 혼란을 낳기도 했는데, 2018년 세계보건기구가 183개국의 2016년도 추정값을 정리해 발표함[10]으로써 국제적인 비교가 가능해졌다.

표9는 미세먼지(PM2.5)로 인한 각국의 조기 사망자 추정값을 순서대로 나열한 것이다. 잘 알려진 대로 중국이 약 115만 명으로 1위이고, 인도가 약 109만 명으로 뒤를 이었다. 미세먼지 오염이 심한 국가로 알려진 나이지리아(3위)는 약 14만 명, 파키스탄(4위)은 약 12만 명, 방글라데시(7위)는 약 8만 2,000명, 이집트(9위)는 약 6만 7,000명을 기록했다. 우리나라는 1만 5,825명으로 세계에서 33번째로 높았다. 이 수치는 최근 환경부가 추계한 것보다 4,000여 명이 많은 값이다.

그런데 세계에서 미세먼지 오염이 가장 낮은 국가 중 하나인 미국이 7만 7,550명, 일본이 5만 4,780명으로 우리나라 보다 무려 5배와 3.5배가 높았다. 그뿐이 아니다. 역시 미세먼지 농도가 우리보다 훨씬 낮은 유럽의 독일, 이탈리아, 영국, 프랑스 모두 우리나라보다 미세먼지로 인한 조기 사망자 수가 훨씬 많았다. 어찌 된 일일까?

미세먼지 오염도가 같더라도 인구가 많으면 피해자 규모가 훨씬 클 것이라는 점은 쉽게 짐작할 수 있다. 미국, 일본 그리고 앞에서 예를 든 유럽 국가들은 인구수가 우리보다 많

순위	국가	조기 사망자(명)
1	중국	1,150,296
2	인도	1,087,018
3	나이지리아	140,555
4	파키스탄	121,301
5	러시아	115,915
6	인도네시아	95,156
7	방글라데시	82,396
8	미국	77,550
9	이집트	67,434
10	우크라이나	54,932
11	일본	54,780
12	브라질	51,821
13	필리핀	46,816
14	독일	37,085
15	터키	36,698
16	베트남	34,232
17	태국	33,546
18	에티오피아	32,905
19	콩고민주공화국	31,554
20	폴란드	29,165
21	이탈리아	28,924
22	멕시코	28,739
23	이란	27,178
24	미얀마	25,483
25	남아프리카공화국	22,917
26	북한	22,606
27	수단	22,083
28	네팔	21,908
29	영국	21,135
30	아프가니스탄	17,143
31	루마니아	16,644
32	프랑스	16,294
33	대한민국	15,825

표9 PM2.5로 인한 조기 사망자 수(2016년)

국가	인구 10만 명당 조기 사망자(명)
미국	24
프랑스	25
대한민국	31
영국	32
일본	43
독일	45
이탈리아	49
중국	81

표10 PM2.5 로 인한 조기 사망자 수(인구 10만 명당, 2016년)

다. 따라서 인구수를 보정해서 계산해야만 제대로 국가 간 비교를 할 수 있다. 물론 세계보건기구는 인구 10만 명당 조기 사망자 숫자도 제시하고 있다. 표10은 주요 국가의 인구 10만 명당 미세먼지(PM2.5)로 인한 조기 사망자 수를 나타낸 것이다. 인구수를 보정하니 미국은 인구 10만 명당 조기 사망자 수가 24명으로 우리나라(31명)보다 적었다. 그러나 영국, 일본, 독일, 이탈리아 등은 여전히 우리나라보다 많은 것으로 나타났다.

그림11은 183개국의 수치를 크기순으로 열거한 것이다. 그

나마 영국은 71위로 우리보다 약간 뒤처진 순위이지만, 일본은 110위, 독일은 120위로 한참 아래이고 세계 순위에서도 하위권이었다. 이런 결과는 인구수만 보정해서는 국가 간 비교에서 오류를 피할 수 없다는 사실을 보여준다.

국제기구나 학계에서는 미세먼지가 인구집단의 사망률이나 내원율 등을 높이는 기전을 건강한 사람에게서 피해가 발생하는 것이 아니라 기존 환자들이 상황이 악화돼서 사망이 앞당겨지거나 병원을 찾는 비율이 높아지는 것으로 본다. 그래서 미세먼지로 인한 건강 피해 수치는 미세먼지 오염도만이 아니라 미세먼지로 악화되는 것으로 정의한 질병의 기초적인 사망률이나 유병률을 함께 고려한 계산식으로 추정한다. 따라서 노인 인구 비중이 높거나 해당 질병 사망률이나 유병률이 높은 국가는 미세먼지 오염이 낮더라도 건강 피해가 크게 산출된다.

일본과 유럽의 선진국들은 인구 고령화가 상당히 진행된 국가들이다. 노인 연령층일수록 미세먼지로 인한 조기 사망자 산출에 적용하는 질병인 뇌졸중과 심장 질환, 호흡기 질환, 폐암 등의 기본 사망률 자체가 높기 때문에 이들 국가의 미세먼지 농도가 우리보다 낮음에도 조기 사망자 수치는 높게 계산된다.

이런 인구집단의 연령 구조 차이에 따른 오류 가능성을 해

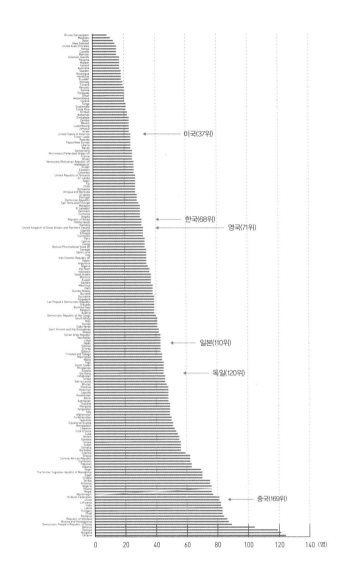

그림11 세계 각국의 PM2.5로 인한 조기 사망률(인구 10만 명당, 2016년)

결하기 위해서 연령 표준화를 통해 통계값을 보정한다. 이는 보건학을 전공하는 사람들에게는 기초적인 사항이다. 그러지 않으면 현상이나 문제의 원인을 왜곡할 수 있고, 인구 구성이 다른 국가나 집단을 객관적으로 비교할 수 없기 때문이다.

세계보건기구의 미세먼지로 인한 인구 10만 명당 조기 사망자 통계도 연령 표준화를 거친 값을 제시하고 있다. 그림12는 그 값을 크기순으로 배열한 것이다. 예상대로 일본, 미국, 영국, 독일 등은 미세먼지로 인한 조기 사망률이 매우 낮았다. 또한 인구수만 단순 보정했을 때와 달리 미세먼지 농도가 높은 우리나라보다 낮은 값을 보여 미세먼지로 인한 건강 영향의 크기를 합리적으로 보여주는 통계값임을 알 수 있다.

그런데 우리나라도 미세먼지로 인한 조기 사망률이 인구 10만 명당 18명으로 세계 최상위권(27위)에 속했다. 우리나라의 미세먼지 오염도가 과거보다 많이 낮아졌고, 국민들의 건강 상태가 세계에서 수준급이기 때문에 이런 결과가 나온 것이다. 물론 우리나라 수치는 일본(12명)보다는 1.5배, 미국(13명)보다는 약 1.4배 높다. 영국보다는 약 1.3배, 독일보다는 약 1.1배 높은 수준이다.

그럼에도 우리나라의 미세먼지로 인한 건강 피해 수준은 개발도상국을 비롯한 대다수 국가가 부러워할 만큼 양호한 수준이다. 매일같이 미세먼지에 대한 공포심으로 불안에 떨

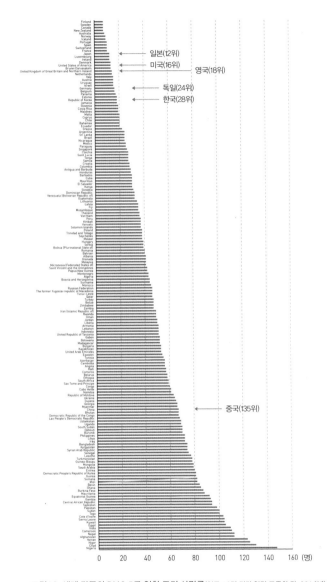

그림12 세계 각국의 PM2.5로 인한 조기 사망률(인구 10만 명당 연령 표준화 값, 2016년)

순위	국가	인구 10만 명당 조기 사망자(명)
1	핀란드	7
1	스웨덴	7
1	캐나다	7
1	뉴질랜드	7
5	호주	8
6	노르웨이	9
6	아이슬란드	9
8	포르투갈	10
8	스페인	10
8	스위스	10
8	프랑스	10
12	일본	12
12	룩셈부르크	12
12	아일랜드	12
15	덴마크	13
15	미국	13
15	브루나이	13
18	영국	14
18	네덜란드	14
20	이탈리아	15
20	오스트리아	15
20	우루과이	15
20	이스라엘	15
24	독일	16
24	벨기에	16
26	파나마	17
27	대한민국	18
27	에스토니아	18
27	자메이카	18
30	슬로베니아	19
30	코스타리카	19
30	몰디브	19

표11 PM2.5로 인한 조기 사망률 최저 국가들(인구 10만 명당 연령 표준화 값, 2016년)

고 있는 대한민국 국민의 정서와는 너무나 다른 결과이다.

이 세상 미세먼지는 대부분 중국에서 발생하며 그 영향을 가장 크게 받는 우리나라가 세계에서 유난히 대기질이 나쁜 나라라고 생각하는 사람들은 이런 순위가 도저히 믿기지 않을지도 모르겠다. 그러나 이 자료는 유엔 세계보건기구가 공식적으로 발표한 통계수치이다. 지금까지 많은 언론과 전문가가 자기 입맛에 맞는 자료만 골라 제시했기 때문에 진실을 볼 수 없었을 뿐이다.

우리나라 미세먼지 오염도가 선진국보다 배 이상 나빠서 시급히 줄여야 한다고 나 역시 강연이나 글에서 매번 강조한다. 그러나 비록 OECD 국가 중에서는 최하위권에 머물고 있지만, 지난 30여 년간 미세먼지 오염도를 개선해 이 정도 수준에 도달할 수 있었다는 것도 객관적 사실이다.

물론 과거보다 나아진 지금의 상황에서도 국민들은 이런 환경에서는 살 수 없다고 아우성이다. 그런 인식은 매우 좋은 것이다. 지금까지 달성한 성과에 조금도 만족하지 않고, OECD 국가 중에서도 상위권으로 도약할 수 있는 동력이기 때문이다.

다만 지금처럼 미세먼지 오염의 원인과 대책이 터무니없고 괴담 수준의 논의에 머물러서는 도약이 불가능하다. 최근 5년 동안 중국발 미세먼지 탓과 마스크와 공기청정기에만 매

순위	국가	인구 10만 명당 조기 사망자(명)
1	나이지리아	147
2	차드	130
3	니제르	125
4	예멘	123
5	네팔	112
5	아프가니스탄	112
7	카메룬	110
8	인도	109
9	이집트	105
10	시에라리온	104
10	쿠웨이트	104
12	코트디부아르	103
13	토고	100
13	수단	100
15	파키스탄	98
16	타지키스탄	94
17	중앙아프리카공화국	94
18	감비아	93
19	적도 기니	92
20	모리타니	88
21	부르키나파소	87
22	가나	85
23	베냉	84
24	소말리아	82
24	말리	82
26	기니	81
26	북한	81
28	에리트레아	80
29	사우디아라비아	79
29	몽골	79

표12 PM2.5로 인한 조기 사망률 최고 국가들(인구 10만 명당 연령 표준화 값, 2016년) OECD 국가들에 비해 10배 이상 높다.

달리다가, 이웃나라는 40% 가까이 오염이 개선됐음에도 우리는 제자리걸음만 하며 세월을 낭비했다.

자기 주변 오염물질 배출량을 줄이지 않고 환경 문제가 개선되길 바라는 것은 나무에서 고기를 구하는 꼴이다. 이렇게 세월을 보내다가는 상황이 점점 악화될 것이다.

현재 우리나라는 다른 OECD 국가와 비교했을 때 오염 수준에 비해 조기 사망자 수치가 상대적으로 낮다. 이는 일본이나 유럽 국가들에 비해 아직은 고연령층 비율이 낮고, 뇌심혈관계 질환과 폐암 등의 사망률이 상대적으로 낮기 때문이다. 그러나 미세먼지 오염도를 개선하지 않으면, 향후 고령화가 진행되고 관련 질환 유병률이 급증하면서 건강 피해 역시 급속도로 커질 수 있다.

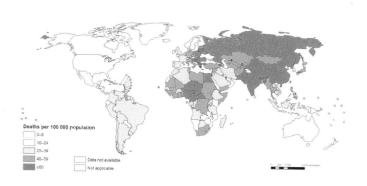

그림13 세계 각국의 PM2.5로 인한 조기 사망률[11](인구 10만 명당 연령 표준화 값, 2016년)

OECD 국가 중에서도 상위권 국가들이 누리고 있는 환경의 질을 우리도 누리려면, 우리 사회의 에너지, 교통, 산업, 시민의 환경 인식과 실천, 그리고 환경 정책의 수준이 세계 최고 수준으로 올라가야 한다. 우리 사회를 저에너지 고효율의 지속 가능한 사회로 만들기 위해 함께 다양한 노력을 하는 것만이 미세먼지 문제도 해결하고, 온실가스 문제도 해결하고, 에너지 문제도 해결하는 일석삼조의 정답이다.

다른 지표로 평가하면 순위가 바뀌지 않을까?

우리나라가 미세먼지로 인한 조기 사망률은 세계에서 가장 낮은 편이지만, 혹시 다른 질병 지표로 평가하면 결과가 나쁘게 나오지 않을까? 보건학계에서는 어떤 요인이 국민 건강에 얼마나 영향을 미치는지 고전적인 사망률이나 유병률로는 제대로 파악하기 어렵다는 문제 인식이 있다.

최근 보건학계에서 가장 널리 사용하는 질병부담 지표는 DALY^{Disability Adjusted Life Year}이다. 장애보정손실년수 또는 장애보정생존년수 등으로 번역되는 DALY는 조기 사망으로 인한 수명 손실과 장애로 인한 건강 연수의 상실을 더한 개념이다. 즉 조기 사망과 질병, 장애 등으로 인한 건강한 삶의 손실

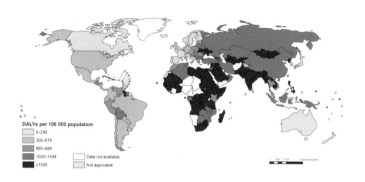

그림14 세계 각국의 미세먼지(PM2.5)로 인한 DALY(인구 10만 명당 연령 표준화 값, 2016년)

을 종합한 것으로, 실질적 건강 피해를 잘 반영한다고 평가
되는 지표이다.

　세계보건기구는 미세먼지(PM2.5)로 인한 국가별 조기 사망
률 통계 자료를 밝히면서 DALY로 평가한 질병부담 수치도
함께 발표했다.

　그림14는 세계 각국의 미세먼지(PM2.5)로 인한 인구 10만
명당 연령 표준화 DALY 값을 5개 범주로 나타낸 것이다. 아
프리카와 중동, 인도와 주변 국가, 몽골 등이 가장 높은 범주
에 속하고, 캐나다와 유럽 국가, 오세아니아와 일본 등이 가
장 낮은 범주에 속한다. 우리나라도 미국과 같이 두 번째로
낮은 범주에 속한다.

　그림15는 세계 183개국의 인구 10만 명당 연령 표준화 DALY

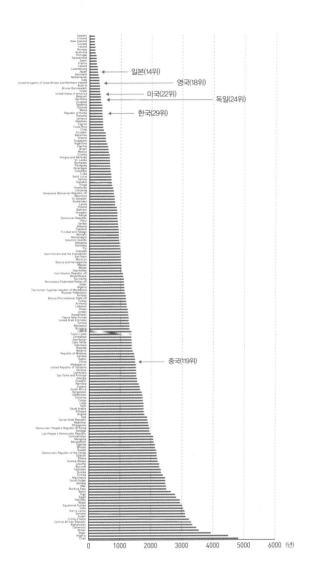

그림15 세계 각국의 미세먼지(PM2.5)로 인한 DALY(인구 10만 명당 연령 표준화 값, 2016년)

값을 크기순으로 배열하고, 우리나라의 위치를 표시한 것이다. 우리나라는 미세먼지로 인한 질병부담, 즉 조기 사망과 질병, 장애 등으로 인한 건강한 삶의 손실 연수가 인구 10만 명당 394년으로 세계에서 29번째로 낮았다.

우리는 OECD 하위권이기 때문에 세계 상위권이다

PM2.5 농도가 몇 시간만 $35\mu g/m^3$을 넘어도 언론이 마스크를 쓰라고 방송을 내보내고, 상당수 시민이 그것을 따르는 우리나라는 미세먼지로 인한 건강 피해 걱정이 세계에서 가장 높은 나라임이 틀림없다.

그러나 세계보건기구의 미세먼지로 인한 조기 사망률이나 DALY 같은 다른 질병부담 지표 통계에 따르면, 우리나라는 미세먼지로 인한 건강 피해가 세계에서 가장 낮은 국가군에 속한다.

물론 현재 우리 수준이 안심할 정도로 좋다는 뜻은 아니다. 미세먼지 오염도가 세계보건기구 가이드라인을 초과하고 있고, 미세먼지로 인한 사망률이나 질병부담 역시 세계에서 가장 양호한 선진국에 비해서는 훨씬 높은 것이 사실이다.

그렇다고 해서 마치 우리나라만 무시무시한 미세먼지 오

순위	국가	인구 10만 명당 DALY
1	스웨덴	144
2	핀란드	150
3	뉴질랜드	151
4	캐나다	152
5	아이슬란드	168
6	노르웨이	169
7	호주	175
8	포르투갈	203
9	스위스	207
10	스페인	208
11	프랑스	216
12	아일랜드	238
13	룩셈부르크	248
14	일본	253
15	덴마크	271
16	네덜란드	292
17	이탈리아	296
18	영국	300
19	오스트리아	311
20	브루나이	318
21	이스라엘	320
22	미국	333
23	벨기에	339
24	독일	342
25	우루과이	356
26	슬로베니아	389
27	에스토니아	390
28	몰타	391
29	대한민국	394
30	파나마	400

표13 미세먼지(PM2.5)로 인한 DALY 최상위 30개국(인구 10만 명당 연령 표준화 값, 2016년)

염 상황에 처한 것처럼 호들갑을 떨며 국민을 공포에 몰아넣을 수준은 아니라는 명백한 과학적 사실까지 부인할 수는 없다. 세계보건기구 가이드라인을 초과한 공기를 마시는 지구인이 90%가 넘는다. 미세먼지 오염은 전 세계 공통의 문제로, 자원과 에너지 낭비가 가져온 필연적 현상이다.

현재 우리나라보다 미세먼지로 인한 질병부담이 낮은 국가는 호주와 뉴질랜드 등 오세아니아 국가, 캐나다와 미국 등 북미 국가, 일본과 유럽 국가들로 대부분 OECD 국가들이다.

현 수준에 머물 것인가 도약할 것인가

현재 우리나라의 많은 국가 지표가 OECD 국가 사이에서는 하위권이다. 하지만 전 세계에서 보면 상위권인 경우가 대부분이다. 지금의 수준에 도달한 것만으로도 자랑스럽고 더 이상 개선되지 않아도 만족스럽다고 생각할 수도 있다. 반면 '아직도 배고프다'며 이런 수준에는 만족할 수 없고 세계 최고 수준이 되어야 한다고 생각할 수도 있다. 우리나라 국민 대부분의 생각은 후자인 듯하다.

미세먼지도 마찬가지이다. 미세먼지로 인한 조기 사망률

순위	국가	인구 10만 명당 DALY
1	차드	4,821
2	나이지리아	4,493
3	니제르	3,929
4	예멘	3,547
5	카메룬	3,461
6	아프가니스탄	3,333
7	중앙아프리카공화국	3,300
8	코트디부아르	3,232
9	수단	3,118
10	소말리아	3,106
11	시에라리온	3,085
12	인도	3,038
13	적도 기니	3,008
14	수단	2,939
15	파키스탄	2,933
16	이집트	2,812
17	토고	2,776
18	베냉	2,640
19	부르키나파소	2,497
20	말리	2,485
21	감비아	2,465
22	남수단	2,463
23	모리타니	2,457
24	에리트레아	2,384
25	기니	2,322
26	타지키스탄	2,319
27	부룬디	2,268
28	레소토	2,265
29	기니비사우	2,219
30	가나	2,199

표14 미세먼지(PM2.5)로 인한 DALY 최하위 30개국(인구 10만 명당 연령 표준화 값, 2016년)

이나 질병부담 등의 건강 영향 모두 OECD 국가 중에서는 가장 나쁜 편이지만, 세계 전체로 보면 가장 양호한 국가군에 속한다. 미세먼지 오염이 과거보다 많이 개선됐고, 뇌심혈관계 질환 등으로 인한 질병부담이나 사망률이 노령화가 많이 진행된 OECD 국가와 비교해서는 아직 상대적으로 낮기 때문이다.

그러나 대부분 국민이 지금과 같은 미세먼지 오염 수준에서는 도저히 살아갈 수 없다고 생각한다. 우리의 미세먼지 오염도는 OECD 최상위권 국가들과 비교하면 2~3배 높으므로 지금보다 절반 이하로 줄여야 한다. 지금의 미세먼지 오염 수준을 매우 비관적으로 보는 인식은 그러한 목표 달성을 위한 국민적 지지가 있는 매우 좋은 상황이라고 해석할 수 있다.

우리의 위상에 걸맞은 도약 전략

다만 선진국 수준으로 한 단계 더 도약하기 위해서는 우리가 해야 할 일 역시 우리보다 한참 오염도도 높고 건강 피해도 극심한 개발도상국들과는 다르고 또 달라야만 한다. 미세먼지 오염이 극심한 국가 중에서도 극히 예외적으로 인도가 실시하고 있는 '고농도 시 차량 강제 2부제' 같은 조치를 미세먼지 대책으로 삼자고 특별법을 만드는 수준으로는 정말 곤란하다. 과도한 공포심을 갖고 마스크와 공기청정기에 의존하고 외출을 삼가는 등의 소극적이고 회피적인 방식 역시 올바른 대책이 될 수 없다. 우리의 위상에 걸맞은, OECD 국가 수준에 맞는 적극적이고 장기적인 대책이 필요하다.

- 보다 지속 가능한 저에너지 고효율 국가와 사회를 만들기 위해 교통, 산업, 에너지, 소비 등 사회 모든 분야를 개조해 나가는 조치들을 꾸준히 실행해야 한다.
- 남 탓을 하며 외교적 항의를 하라고 대통령에게 요구하는 화풀이 식의 실효성 없는 방식이 아니라 미세먼지 발생을 근본적으로 줄이도록 정부의 실천과 노력을 촉구해야 한다.
- 우리가 호흡하는 공기를 깨끗하게 만들기 위해서는 우리가 우리 주변에서 발생시키고 있는 미세먼지부터 줄여야만 한다는 사실을 이해하고 그에 맞는 실천을 해야 한다.
- 마스크 나눠주기나 공기청정기 설치 같은 실질적으로는 업자들이나 돕는 선심성 사업에 세금을 낭비할 것이 아니라 미세먼지를 근본적으로 줄이는 데 세금을 사용하도록 정부와 정치인에게 압박을 가하는 시민 정치 활동을 해야 한다.

현재 우리나라 미세먼지 오염도의 개선은 한두 가지 방법으로 달성할 수 없다. 인내심을 갖고 장기적으로 꾸준히 오염물질 발생량을 줄여 나가는 것 말고는 다른 방도가 없다. 그리고 우리나라 국민의 건강 상태는 아직은 그런 과정을 충분히 견뎌 나갈 정도는 된다. 과도한 공포심으로 인한 2차 건강 피해만 없애면 충분히 가능하다.

일부 언론과 전문가들이 곧잘 인용하는, 우리나라의 미세먼지로 인한 피해가 향후 매우 커진다는 OECD 보고서의 예측 연도는 2060년이다. 그런 일이 발생하지 않게 우리가 바꿀 수 있는 시간이 아직 40년 남았다.

위험의 기준이란 무엇인가(1)

: 세계보건기구의 미세먼지 기준은
질병 발생의 기준이 아니다

깨끗한 공기가 좋다는 것을 모르는 사람은 없다. 그런데 미세먼지 농도가 세계보건기구 기준을 조금만 넘어도 그런 공기를 마시면 각종 질환에 걸리고 조기에 사망할 수도 있는 것처럼 잔뜩 겁주는 사람들이 있다. 그래서 "우리나라 미세먼지 환경기준을 세계보건기구 기준에 맞춰 강화해야 한다"라고 주장하기도 한다. 실제로 지난 19대 대선에서 미세먼지 환경기준을 세계보건기구 기준으로 강화하겠다는 공약이 거론되기도 했다.

미세먼지와 관련해 가장 권위 있는 기준으로 자주 거론되는 것이 세계보건기구의 가이드라인이다. 세계보건기구의 공기질 가이드라인Air Quality Guidelines은 대기오염으로부터 건강을 지키기 위한 가이드라인을 설정하고 그 학술적 근거를 설

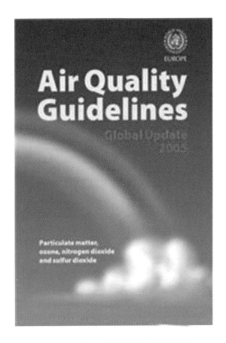

그림16 세계보건기구 공기질 가이드라인[12]

명한다. 이 기준은 정책 결정자들에게 정보를 제공하고, 공기
질 관리에 적절한 목표를 제시하기 위해 개발되었다. 그런데
세계보건기구 기준이 무엇이며 어떤 근거로 만들어진 것인
지 제대로 이해하지 못하고 엉뚱한 목적으로 사용하는 경우
가 의외로 많은 듯하다.

세계보건기구 미세먼지 기준의 핵심은 PM2.5 연평균 기준이다

세계보건기구는 PM2.5와 PM10 각각에 대해 장기(연평균) 그리고 단기(24시간 평균) 가이드라인을 아래와 같이 제시하고 있다. 네 수치 중에서 핵심은 PM2.5 연평균 $10\mu g/m^3$이다. 뒤에 설명하겠지만 나머지 세 개의 가이드라인은 이 수치에서 파생된 것이다.

PM2.5	PM10
연평균 $10\mu g/m^3$	연평균 $20\mu g/m^3$
24시간 평균 $25\mu g/m^3$	24시간 평균 $50\mu g/m^3$

표15 세계보건기구 공기질 가이드라인

지금까지의 대기 중 미세먼지 농도 측정망 자료는 우리나라 만이 아니라 세계적으로 대부분 PM10을 측정한 자료이다. 따라서 미세먼지 역학연구 역시 다수가 PM10을 노출 지표로 사용한 것이고, PM2.5를 사용한 연구는 상대적으로 훨씬 양이 적다.

그렇지만 건강 영향과의 정량적 인과 관계는 PM2.5가 더 높기 때문에 세계보건기구는 PM2.5 관련 연구들을 미세먼지의 연평균 가이드라인을 설정하는 핵심 근거로 사용했다. 세계보건기구는 PM2.5의 연평균 권고기준을 $10\mu g/m^3$으로 정했다. 대규모 인구집단을 대상으로 실시한 미세먼지 관련 역학연구들에서 건강 영향이 통계적으로 의미 있는 것으로 확인된 PM2.5 농도의 최저치가 $10\mu g/m^3$이기 때문이다.

미세먼지는 낮을수록 좋지만 PM2.5 $10\mu g/m^3$보다 더 낮은 농도는 인위적인 오염이 없는 자연 상태에서의 미세먼지 농도와 비슷하다. 또한 PM2.5 $10\mu g/m^3$ 이하에서 건강 영향을 확인한 역학연구도 아직은 충분하지 못하다.

세계보건기구의 PM10 기준은 항상 PM2.5의 두 배 값이다

세계보건기구는 PM10의 연평균 가이드라인을 PM2.5의 두 배인 $20\mu g/m^3$으로 정했다. 세계 여러 나라의 미세먼지 측

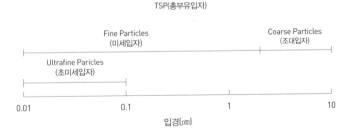

그림17 PM2.5는 PM10의 일부이다.

정값을 분석해보니 개발도상국 도시들의 경우 평균적으로 PM10에서 PM2.5가 차지하는 비율이 절반 정도였다. 한편 선진국은 50~80%였다. 세계보건기구는 복잡성을 줄이기 위해 PM2.5가 PM10의 절반인 것으로 가정하고 이 비율을 가이드라인을 작성하는 데 일률적으로 적용하고 있다.

세계보건기구 일평균 기준은 연평균 기준을 달성했을 때의 값이다

연평균 가이드라인의 경우와 달리 세계보건기구는 역학연구를 토대로 24시간 평균 가이드라인을 정하는 방식을 택하지 않았다. 대신 연평균 가이드라인으로 제시한 값이 달성됐을 때의 상황으로부터 통계적으로 99%(연중 3일)에 해당하는 농도값을 24시간 평균 가이드라인으로 정했다.

미세먼지 오염도는 연중 일정한 수치를 보이는 것이 아니라 기상 조건에 따라 크게 변동한다. PM10의 연평균 값이 $20\mu g/m^3$인 경우 연중 $50\mu g/m^3$을 넘는 날이 3일은 발생할 수 있다는 경험적인 통계 확률분포에 따라 이 값을 24시간 평균 권고기준으로 정한 것이다.

따라서 세계보건기구의 24시간 평균 가이드라인은 1년 365일 중에서 이 농도를 초과하는 날이 3일 이하여야 한다는 의미이다. 물론 같은 평균값을 갖더라도 변동 폭이 큰 도시는 $50\mu g/m^3$을 넘는 날이 훨씬 빈번할 수 있다. 세계보건기구는 그런 지역은 자체 특성을 감안해서 각자의 일평균 기준을 정하도록 권하고 있다.

세계보건기구 PM2.5 기준은 항상 PM10의 절반 값이다

세계보건기구는 연평균 가이드라인과는 반대로 PM10의 24시간 평균 가이드라인($50\mu g/m^3$)을 먼저 정하고 나서 그 값의 절반인 $25\mu g/m^3$를 PM2.5의 24시간 평균 가이드라인으로 정했다. 앞에서 설명한 대로 대부분 역학연구가 PM10을 근거로 했음에도 장기 가이드라인은 PM2.5 연구를 중시했지만,

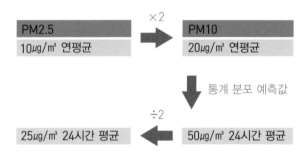

그림18 세계보건기구 공기질 가이드라인 산출 방식

단기 가이드라인은 워낙 연구 결과가 부족해서 PM10 연구를 기준으로 할 수밖에 없었기 때문이다.

정리하자면 세계보건기구는 PM2.5의 연평균 가이드라인을 $10\mu g/m^3$으로 결정하고, 이에 따라 PM10의 연평균 가이드라인은 $20\mu g/m^3$으로 정했다. 또 이것이 달성됐을 경우의 연중 99%에 해당하는 값으로 여겨지는 $50\mu g/m^3$을 PM10의 24시간 평균 가이드라인으로 정했고, 이에 따라 PM2.5의 24시간 평균 가이드라인은 그 절반 값인 $25\mu g/m^3$으로 정한 것이다.

세계보건기구 PM2.5 연평균 기준을 달성하면 모든 것이 해결된다

세계보건기구는 미세먼지 기준으로 여러 수치를 제시했지만, 결과적으로는 PM2.5의 연평균 값이 $10\mu g/m^3$ 이하가 되도록 하라는 뜻이다.

PM2.5 연평균 농도 $10\mu g/m^3$을 달성하면 곧 PM10 연평균 농도 $20\mu g/m^3$을 달성하게 되고, 그렇게 되면 PM10의 일평균 값이 $50\mu g/m^3$을 넘는 날이 3일 이하가 되면서 동시에 PM2.5의 일평균 값이 $25\mu g/m^3$을 넘는 날이 3일 이하가 된다는 것이 세계보건기구 기준 설정의 논리적 근거이다.

세계보건기구의 가이드라인은 그보다 농도가 높으면 건강

에 무척 위험한 것인 양 국민을 겁주고, 건강에 해로우니 마스크를 쓰고 공기청정기를 돌리게끔 유도하라는 권고기준이 아니다. 그런 권고는 세계보건기구 간행물, 홍보물, 보도자료 어디에서도 찾아볼 수 없다.

세계보건기구는 가이드라인과 함께 단계별 목표를 제시한다

최근 세계보건기구의 평가에 따르면, 세계보건기구가 제시한 가이드라인을 충족하는 안전한 공기를 마시며 사는 사람은 전 세계 인구의 10%도 안 된다. 세계보건기구는 이런 상황을 매우 우려하며 전 세계에 공기질을 개선하기 위한 노력을 촉구하고 있다.

그렇다고 세계보건기구가 각국의 미세먼지 환경기준을 세계보건기구 가이드라인 수준으로 강화하라고 요구하지는 않는다. 환경기준이라는 것은 각국의 경제·사회·기술적 역량을 고려해 정해야 하기 때문이다.

고등학교를 졸업할 때까지는 미분 방정식을 풀 수 있는 능력을 갖춰야 한다고 해서 초등학생에게도 똑같은 능력을 강요할 수는 없다. 중학교에 진학하고 학년이 올라가면서 단계적으로 수리 이해 능력을 높여 최종적으로 미분 방정식도 풀

그림19 세계 인구의 90%가 안전하지 않은 공기를 마시고 있다는 세계보건기구의 주장

수 있도록 해야 한다.

미세먼지 오염도 마찬가지이다. 미세먼지는 난방, 취사, 교통, 산업, 건설 등에서 발생하므로 지금 오염이 심한 국가가 단시간에 세계보건기구 기준을 충족할 방법은 사실상 존재하지 않는다. 자신의 여건에 맞게 열심히 노력하면 달성할 수 있는 기준을 설정하고, 그 목표를 달성하면 기준을 다시 강화해서 꾸준히 개선해 나가는 것만이 실용적이고 효과적

인 방법임을 역사적 경험으로 알 수 있다.

세계보건기구의 가이드라인은 경제·사회·기술적 조건을 전혀 고려하지 않고 보건학적으로 가장 이상적인 값을 제시한 것이다. 따라서 이 가이드라인을 달성하기는 매우 어렵다. 대다수 국가에서 이를 환경기준으로 삼으라는 주장은 실속 없는 구호에 지나지 않는다.

세계보건기구 역시 이 사실을 잘 알기에 가이드라인과 함께 몇 개의 단계별 잠정 목표를 동시에 제시한다. PM2.5 연

	PM10 (µg/㎥)	PM2.5 (µg/㎥)	선택한 수준의 근거
임시 목표-1 (IT-1)	70	35	공기질 가이드라인(AQG) 수준에 비해 장기 사망 위해도가 약 15% 더 높은 수준.
임시 목표-2 (IT-2)	50	25	다른 건강상의 이점 외에도 조기 사망률의 위해도를 임시 목표-1에 비해 약 6%(2~11%) 낮추는 수준
임시 목표-3 (IT-3)	30	15	다른 건강상의 이점 외에도 조기 사망률의 위해도를 임시 목표-2에 비해 약 6%(2~11%) 낮추는 수준
공기질 가이드라인 (AQG)	20	10	PM2.5에 대한 장기 노출로 총사망률, 심폐 질환 사망률 및 폐암 사망률이 증가하는 것이 95% 이상의 신뢰도를 갖는 최저 수준

표16 세계보건기구의 미세먼지 연평균 가이드라인과 단계별 목표[3]

평균 농도의 1단계 목표는 $35\mu g/m^3$이고, 2단계 목표는 $25\mu g/m^3$, 3단계 목표는 $15\mu g/m^3$이다.

세계보건기구 단계별 목표의 의미

세계보건기구는 1단계 목표인 PM2.5 연평균 농도 $35\mu g/m^3$의 오염도에 장기간 노출되면 가이드라인인 $10\mu g/m^3$일 때에 비해 사망률이 약 15% 높아진다고 본다. 이 수준에서 2단계 목표인 $25\mu g/m^3$까지 낮추면 사망률을 약 6% 낮출 수 있고, 3단계 목표인 $15\mu g/m^3$까지 줄이면 사망률을 6%가량 더 낮출 수 있다. 평균적으로 PM2.5를 $10\mu g/m^3$ 줄이면 사망률을 6% 낮출 수 있으니 열심히 미세먼지 오염을 개선하라는 뜻이다.

PM10 연평균 농도의 단계별 목표는 PM2.5 값의 두 배로, 1단계 $70\mu g/m^3$, 2단계 $50\mu g/m^3$, 3단계 $30\mu g/m^3$으로 정했다.

세계보건기구는 24시간 평균에 대해서도 가이드라인과 단계별 목표를 제시한다. 24시간 평균 가이드라인은 이런 날이 연중 3일 이하로 발생하도록 오염 수준을 낮게 관리하라는 뜻이다.

24시간 평균의 단계별 목표는 PM10을 기준으로 설정했는데, 1단계 $150\mu g/m^3$, 2단계 $100\mu g/m^3$, 3단계 $75\mu g/m^3$이며

PM2.5는 그 절반인 $75\mu g/m^3$, $50\mu g/m^3$, $37.5\mu g/m^3$으로 정했다.

1단계 목표에 해당하는 농도에서는 가이드라인을 충족했을 때에 비해 사망률이 5% 높고, 여기서 2단계 목표까지 개선하면 사망률을 2.5% 줄일 수 있다고 본다. PM2.5를 기준으로 보면 오염도를 $10\mu g/m^3$ 줄일 때 사망률이 1% 감소하는 것이어서 연평균 오염도를 줄이는 효과에 비해 수치상으로는 6분의 1 수준이다.

	PM10 (㎍/㎥)	PM2.5 (㎍/㎥)	선택한 수준의 근거
임시 목표-1 (IT-1)	150	75	공기질 가이드라인(AQG) 수준에 비해 단기 사망 위해도가 약 5% 더 높은 수준
임시 목표-2 (IT-2)	100	50	공기질 가이드라인 수준에 비해 단기 사망 위해도가 약 2.5% 더 높은 수준
임시 목표-3 (IT-3)	75	37.5	공기질 가이드라인 수준에 비해 단기 사망 위해도가 약 1.2% 더 높은 수준
공기질 가이드라인 (AQG)	50	25	24시간 농도와 연간 농도의 관계식에 따라 산출

표17 세계보건기구의 미세먼지 24시간 평균 가이드라인과 단계별 목표

세계보건기구는 연평균 기준 달성을 우선시한다

세계보건기구는 가이드라인과 단계별 목표를 정할 때 일반적으로 연평균을 우선하도록 권고한다. 과거보다 대기오염 수준이 많이 개선돼서 1950년대의 유럽이나 미국에서처럼 극심한 오염 현상이 발생할 우려가 적기 때문이다.

세계보건기구는 가이드라인 설명 책자 서문에서 밝히고 있듯이 깨끗한 공기는 인간의 건강과 안녕에 기본적 요소라고 본다. 따라서 대기오염을 개선해 건강 영향을 줄여야 하는데, 그 과정에서 적절한 목표를 설정하는 데 도움을 주기 위해 만든 것이 공기질 가이드라인이다. 다시 말해서 세계보건기구의 미세먼지 기준은 단순히 공기질을 판단하는 잣대 역할을 하라고 만든 것이 아니라 공기질을 끝없이 개선해 나가도록 최종 목표와 단계별 목표를 제시한 것이다.

우리나라는 2000년 전후로 세계보건기구의 1단계 목표를 달성하고 2010년경 2단계 목표를 달성했으나 그 후로는 길을 잃고 정체 상태에 빠져 있다. 2단계 목표를 달성했으면 비로소 그다음 3단계로 목표를 강화해야 하는데, 무려 8년을 버티다가 2018년 상반기에야 비로소 3단계 목표 수치로 상향했다. 이 기준은 몇 년 전까지의 미국, 현재의 일본 등 선진국 기준과 같다. 지금 세계에서 가장 깨끗한 공기를 유지하고 있는

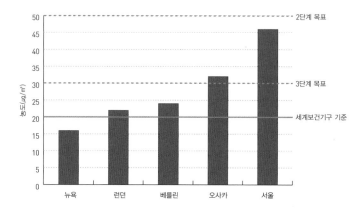

그림20 선진국 도시들의 미세먼지(PM10) 수준. 뉴욕만 세계보건기구 가이드라인을 충족했다.

미국, 일본, 유럽, 오세아니아 등의 일부 도시만이 이 3단계 기준을 충족했거나 달성을 목표로 정책을 설계하고 있다.

우리나라도 1970~1980년대 최악의 대기오염 상태를 벗어나 많이 개선됐지만, 아직은 오염도가 선진국 도시의 2배 수준이다. 그래도 2단계 목표를 달성하고 이제는 목표가 선진국과 같아졌다는 점이 그간의 성취라고 할 수 있다.

세계보건기구 미세먼지 기준의 설정 이유와 달성 방법

세계보건기구가 미세먼지 가이드라인을 통해 전달하려는 메시지는 최종적으로 가이드라인을 달성할 때까지 단계적으로 미세먼지 오염 수준을 낮추기 위해 계속 노력하라는 것이다. 구체적으로는 화석연료 사용을 줄이고 에너지 효율을 향상시키며 재생에너지 확대를 위해 투자하라는 것이다. 또 재활용을 늘리고 쓰레기를 줄여서 소각을 줄이고, 청정 기술을 개발해 가정의 취사·난방·조명에서 발생하는 미세먼지를 줄이라는 것이다. 그렇게 하면 미세먼지만이 아니라 온실가스 발생도 줄어서 기후변화 대책으로도 좋고, 기타 화석연료 연소나 쓰레기 소각으로 배출되는 수많은 유해물질로 인한 환경오염도 줄일 수 있어 건강 보호에도 좋기 마련이다.

세계보건기구의 3단계 목표는 지금까지 달성한 목표보다 훨씬 어려운 과제이다. 그 목표를 달성하려면 지금까지 관리하지 못했던 선박이나 이륜차 등 다양한 오염원, 영세업체 등을 비롯해 서민 생활과 밀접한 오염원, 노천에서의 크고 작은 소각, 그리고 바다·나대지·농지 등에서 자연적으로 발생하는 오염원까지 잘 관리해야 한다.

또 경유차에 그칠 것이 아니라 2차 반응에 의해 미세먼지를 생성할 수 있는 질소산화물 등의 전구물질을 배출하는 휘발유 자동차에 대해서도 현재의 과도한 운행 거리를 획기적으로 줄일 근본적인 교통 대책, 사회 대책이 나와야 한다.

미세먼지에 대한 국민들의 유례없이 높은 우려를 긍정적 에너지로 전환해 환경에 유익한 활동이 더 혜택을 받는 사회, 저에너지 고효율 사회를 만드는 동력으로 만들어야만 세계보건기구의 3단계 목표를 달성할 수 있다.

국민들의 우려를 공포심으로 발전시켜 마스크나 공기청정기 회사의 매출 증가나 적극적으로 돕고, 국내 미세먼지 발생량 저감에 대한 노력을 비하하고 매도하는 여론을 부추기고, 남 탓만 하면서 국민들이 하늘과 바람만 바라보게 만드는 일부 언론들은 세계보건기구의 참뜻을 새겼으면 좋겠다.

위험의 기준이란 무엇인가(2)

: 미국 AQI와의 비교를 중심으로

전 세계에서 우리나라만큼 미세먼지에 대한 우려와 관심이 큰 나라는 없을 듯하다. 이렇게 된 데에는 아무래도 언론의 영향이 가장 클 것이다. 국민들은 늦가을부터 봄철까지 거의 매일 '미세먼지 나쁨'이라며 "마스크를 꼭 착용하라", "외출을 삼가라"라는 언론 보도를 듣는다. 일부 과도하게 선정적인 보도를 하는 경우도 있지만, 기본적으로 언론은 환경부의 미세먼지 행동요령을 국민에게 알리는 역할을 열심히 하고 있다.

환경부는 미세먼지 오염도를 통합환경지수에 따라 '좋음', '보통', '나쁨', '매우 나쁨'으로 평가하고, 고농도 미세먼지 오염이 발생했을 때의 대응요령을 제시하고 있다.

환경부가 말하는 고농도 미세먼지는 PM10 $81\mu g/m^3$ 이상,

PM2.5 36$\mu g/m^3$ 이상을 뜻한다. 이런 농도가 1시간 지속되면 '고농도 미세먼지 발생' 상태로 보고 외출 자제, 외출 시 마스크 쓰기, 실외수업(활동) 자제, 바깥공기 유입 차단을 위해 창문 닫기 등을 권고한다.

어떤 기준을 넘은 상태가 1시간만 지속돼도 고농도 발생이라고 하니 국민들은 수시로 미세먼지 오염도를 확인해야 하고, 불안감은 더 커지기 마련이다. 이런 상황에서는 살 수 없다는 원성이 터져 나오고, 이민 가고 싶다는 이야기까지 나오는 것도 자연스러운 현상이다.

그런데 정말 미세먼지 농도를 이렇게 매시간 확인하면서 공포에 떨며 살아야 하는 것일까? 왜 최근에 갑자기 이렇게 미세먼지가 심각해진 것일까? 다른 나라 사람들도 우리처럼 매일 미세먼지를 걱정하며 살고 있을까? 다른 나라에서는 우리나라 수준의 미세먼지 오염을 어떻게 평가하며, 그에 따라 국민들에게 어떤 행동을 권고할까?

미국은 대부분 도시가 세계에서 PM2.5가 가장 낮은 수준이지만, 미세먼지 농도가 낮아도 인구집단에 건강 영향을 미친다는 내용의 각종 연구를 주도했다. 미세먼지 기준을 가장 먼저 강화해서 공기의 질을 크게 개선하는 데 성공했고, AQI^{Air Quality Index}처럼 미세먼지 등 대기오염물질의 오염도를 지수로 변환해서 그에 따른 시민 행동요령을 가장 먼저 개발해 활용한 국가이기도 하다. 다른 어떤 나라보다도 미국의 기준과 비교해보는 것이 합리적이고 과학적인 판단을 하는 데 도움이 될 것이다.

그림21은 PM2.5의 단기간(24시간 평균 또는 일평균) 농도에 대한 미국과 우리나라의 평가 기준을 비교한 것이다. '좋음'의 기준은 미국이 약간 엄격하지만 PM2.5 농도가 $35\mu g/m^3$을 넘기 전까지는 '보통'인 것은 미국과 한국이 동일하다.

그러나 미국 기준으로는 PM2.5 농도가 $150\mu g/m^3$을 넘어야 '매우 나쁨'인데, 우리나라는 $75\mu g/m^3$만 넘어도 '매우 나쁨'이다. 우리나라의 판정 기준이 두 배나 더 엄격하다.

미국 기준으로는 PM2.5 농도가 $36\sim55\mu g/m^3$이면 '민감군에 나쁨'이고 $56\mu g/m^3$ 이상이어야 '일반인에게 나쁨'인데, 우리나라는 $36\mu g/m^3$ 이상이면 민감군, 일반인 구분 없이 모두 '나쁨'으로 평가한다.

PM10에서는 차이가 더 크다. 미국 기준으로는 PM10 농도가 $54\mu g/m^3$까지는 '좋음'인데, 우리나라는 $30\mu g/m^3$까지만 '좋음'이다. 또 우리나라는 미국 기준인 $154\mu g/m^3$보다 훨씬 낮은 $80\mu g/m^3$까지만 '보통'이다.

미국에서는 PM10 농도가 $155\sim254\mu g/m^3$이면 '민감군에게 나쁨'이고 일반인에게는 영향이 없다고 본다. 그러나 우리 기준으로는 '매우 나쁨'에 해당하므로 두 단계나 차이가 난다.

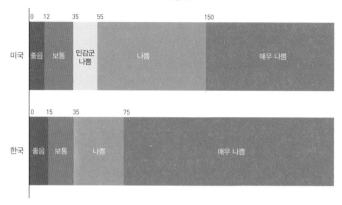

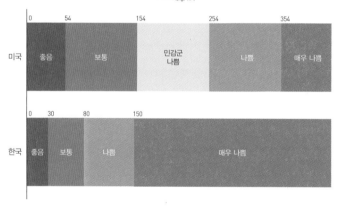

그림21 미국 환경보호청과 한국 환경부의 미세먼지 평가기준

일반인에게도 영향을 미친다고 보는 '나쁨' 단계는 미국의 경우 $255\mu g/m^3$ 이상이어서 우리나라의 '나쁨' 단계 기준인 $81\mu g/m^3$과는 무려 3배 이상 차이가 난다. 우리나라와 미

국의 PM10 농도 판정 기준은 상식적으로 이해하기 어려울 만큼 달라서 황당한 상황이 벌어지기도 한다.

황사와 같이 자연 현상에 의한 미세먼지는 입자가 상대적으로 크기 때문에 PM10 농도가 매우 크게 늘어도 PM2.5는 별로 증가하지 않는다. 따라서 약한 황사가 발생해도 PM2.5 기준으로는 '보통'이나 '나쁨'에서 낮은 농도 범위에 머무는 경우가 많다. 이런 날 PM10 농도가 일평균 $150\mu g/m^3$까지 올라가더라도 미국 기준으로는 '보통'인데, 우리나라에서는 '매우 나쁨'이라며 온갖 공포스러운 표현을 동원해 난리가 난 것처럼 보도한다.

우리나라는 미국보다 미세먼지 연평균 오염도가 2배 이상 높으며, 연평균 기준은 올해 초에 비로소 미국이 오래전 강화한 기준을 채택했다. 그럼에도 일평균 기준은 미국보다도 지나치게 높게 설정한 근거가 무엇인지 이해하기 어렵다.

우리나라 환경부의 행동요령도 이해하기 어렵기는 마찬가지이다. 미국은 미세먼지 오염 수준에 따라 단계적으로 신체 활동의 강도나 시간을 줄여 나가도록 권고한다. 활동 강도에 따른 호흡량 차이로 오염물질 흡수량의 차이가 발생한다는 의학적 사실에 입각한 권고이다. 그것도 우리처럼 1시간 단위 농도가 아니라 24시간 평균값을 근거로 한다.

미세먼지 오염의 24시간 평균이 '민감군에게 나쁨' 수준일 때는 심장 또는 폐 질환 환자나 어린이, 노인 같은 민감군의 경우 장시간 소요되는 신체에 부담이 되는 활동prolonged exertion이나 격렬한 활동heavy exertion을 줄이라고reduce 권고한다. 일반인은 이런 오염도에서는 영향을 받지 않는다고 보고 아무런 권고도 하지 않는다.

'나쁨' 수준일 때는 민감군은 장시간 소요되는 신체에 부

PM10 (μg/㎥)	PM2.5 (μg/㎥)	AQI Value	미세먼지 오염으로부터 건강을 보호하기 위한 행동
0~54	0~12	좋음 (0~50)	없음
55~154	12~35	보통 (51~100)	민감군의 경우 예외적으로 장시간 또는 신체에 부담이 되는 활동을 줄이는 것을 고려한다.
155~254	36~55	민감군에게 나쁨 (101~150)	폐 질환자와 심장 질환자, 어린이와 노인의 경우에는 장시간 또는 신체에 부담이 되는 활동을 줄여야 한다.
255~354	56~150	나쁨 (151~200)	폐 질환자와 심장 질환자, 어린이와 노인의 경우에는 장시간 또는 신체에 부담이 되는 활동을 피해야 한다. 일반인의 경우에는 장시간 또는 신체에 부담이 되는 활동을 줄여야 한다.
355~424	151~250	매우 나쁨 (201~300)	폐 질환자와 심장 질환자, 어린이와 노인의 경우에는 모든 야외활동을 피해야 한다. 일반인의 경우에는 장시간 또는 신체에 부담이 되는 활동을 피해야 한다.

표18 미국 미세먼지 농도에 따른 AQI와 행동요령[13]

담이 되는 활동이나 격렬한 활동을 피하라고^{avoid} 권고하며, 일반인은 그런 활동을 줄이라고 권고한다.

'매우 나쁨' 수준일 때는 민감군은 야외에서의 신체 활동을 피하라고 권고하며, 일반인에게는 장시간 소요되는 신체에 부담이 되는 활동이나 격렬한 활동을 피하라고 권고한다.

평가기준 그림에는 표현되어 있지 않지만 모든 사람에게 야외에서의 신체 활동을 피하도록 권고하는 '위험^{Hazardous}' 단계는 PM2.5 농도가 24시간 평균 $250\mu g/m^3$을 넘거나 PM10 농도가 $425\mu g/m^3$ 이상일 때이다.

미국에서는 24시간 지속되어도 '민감군에 나쁨' 단계에서도 가장 낮은 농도인 PM2.5 $36\mu g/m^3$이나 '보통'에 해당하는 PM10 $81\mu g/m^3$이 우리나라에서는 1시간만 지속되어도 고농도 오염이라면서 '마스크를 착용해라', '외출을 삼가라', '창문을 닫아라' 따위의 강력한 행동 억제를 권고한다. 하지만 이런 대책은 비과학적이고 오히려 건강에도 해로워서 미국에서는 권하지도 않는다.

세계에서 미세먼지 연평균 오염도가 가장 낮은 대표적 국가인 미국은 우리나라 절반 수준의 미세먼지 오염도를 보이고 있다. 그럼에도 우리나라는 미국보다 시민 행동요령 기준이 더 엄격하고 그에 따른 행동 규제도 더 심하다. 이런 비과학적이며 과도한 기준에 장단을 맞추다 보니 오염 수준 때문에 하루하루가 힘든 것인지 아니면 불합리한 기준이나 겁주는 언론 보도 때문에 힘든 것인지 분간이 어려울 지경이다.

환경부는 무슨 근거로 또 무슨 목적으로 이렇게 과도하게 강력하고 국민 생활을 극도로 불편하게 만드는 기준과 행동 요령을 강조 또는 강요하는 것인지 국민들에게 설명할 필요가 있다. 비과학적이고 과도한 기준은 국민을 불필요하게 불안과 공포에 떨게 할 뿐이다.

새로 강화된 연평균 미세먼지 기준(PM2.5 $15\mu g/m^3$, PM10 $30\mu g/m^3$)을 2배 가까이 초과하고 있는 우리나라는 이 기준을 맞추려면 산업과 사회 전 분야에서의 강력한 미세먼지 저감 노력이 요구된다. 미세먼지로 인한 조기 사망자 수 등의 건강 영향도 높은 연평균 오염도에 따라 산출된 것이므로 이 기준을 충족해야 국민 건강을 보호할 수 있다.

이런 근본 문제 해결에는 관심이 없고 일부 비전문가들의 허황된 주장에 놀아나면서 실제 고농도도 아닌 고농도 오염일 대책에만 골몰하는 환경부와 서울시 등 지자체가 미세먼지 문제 해결에 대한 기본적 판단력이 있는지 의심스럽다.

환경 문제에 대한 우려가 클수록 환경 개선에 대한 의지가 강해지고, 따라서 정부도 오염물질 배출 기업을 강력하게 규제할 힘이 생긴다. 그런데 국민의 우려가 합리적 수준을 넘어 살아가기 힘들 정도의 불안과 공포로 작동하면 각자도생의 길을 찾으며 오히려 건강과 환경에 악영향을 주는 행위들을 하게 만든다.

환경부가 정한 오염 수준의 구분 기준과 시민 행동요령은 긍정적 역할을 하지 못하고 오히려 국민들이 매일 또는 매시간 미세먼지 수치를 들여다보며 공포와 불안에 떨게 만들고 있다. 또한 그것을 악용해 이득을 취하는 집단들이 사회 혼란을 야기하고 확산하는 근거가 되고 있다.

평생 미세먼지 기준 강화를 위해 목소리를 내왔는데, 미세먼지 기준이 너무 강하다는 글을 쓰는 황당한 사태가 벌어졌다. 오래 살고 볼 일이다.

2부

미세먼지 프레임은
우리에게 어떻게 작동하는가
: 미세먼지, '천둥설'부터
'메이드 인 차이나'까지

미세먼지 '천동설'의
진원지를 찾아서

대다수 국민이 우리나라 미세먼지의 대부분이 중국에서 온다고 굳게 믿고 있다. 그런데 언제부터 그렇게 생각하게 됐을까? '미세먼지=중국발'이라는 공식이 언론과 시민들 사이에서 굳건한 믿음으로 자리 잡은 것은 약 5년 전부터이다.

환경부의 미세먼지 대책이 경유차 규제에 치중하고 있다고 비판하면서 '중국발 미세먼지'의 영향을 강조하는 학자들이 과거에도 있긴 했지만 별다른 호응을 받지 못했다. 환경부의 경유차 대책과 배출원 규제 정책 등을 통해 미세먼지 오염도가 매년 현저히 개선됐기 때문이다. 오히려 환경부는 '중국발 미세먼지 절대 영향론'에 비판적이었다.

나는 '미세먼지=중국발' 공식이 본격화된 날이 2013년 10월 28일이라고 본다. 이날 연합뉴스TV는 국립환경과학원의 예보를 인용하며 중국발 미세먼지가 다음 날 한반도를 습격할 것이라고 보도했다. 베이징이 도시 기능이 마비될 정도로 극심한 스모그로 뒤덮였고, 이 스모그가 북서풍을 타고 다음 날 한반도로 밀려올 것이라는 보도였다. 이어서 10월 29일에는 거의 모든 언론이 중국발 미세먼지가 서해를 건너 우리나라로 넘어왔다며 '비상', '공포', '위험', '치명' 등의 자극적 단어를 총동원하며 기사를 쏟아냈다.

이에 호응하듯 국립환경과학원은 중국발 미세먼지가 밀려온다는 예보를 재차 발표하고, 언론은 "중국발 미세먼지가 시내를 뒤덮고 있다", "마스크 사용이 급증하고 있다"라며 공포 분위기를 조성했다. 일부 전문가들은 방송에 출연해 미세먼지가 건강에 치명적이라며 이런 분위기에 가담했다. 11월 초까지 하루도 빠짐없이 언론은 유례가 없을 정도로 중국발 미세먼지 보도를 엄청나게 쏟아냈다.

하지만 언론은 그 같은 기사를 쏟아내기 전에 적어도 다음 두 가지 사실을 확인했어야 한다. 실제로 이 기간 미세먼지 오염도가 국립환경과학원 주장대로 급증했는가? 증가한 미세먼지가 중국에서 왔다는 국립환경과학원 주장의 근거는 무엇이며, 믿을 만한가?

국립환경과학원은 자신들의 모델링 결과를 근거로 내세웠다. 언론이 그 과학적 타당성을 검증하기란 쉽지 않을 수 있

날짜	PM10(㎍/㎥)	PM2.5(㎍/㎥)
10.28	55	32
10.29	60	37
10.30	26	16
10.31	39	22
11.1	50	30
11.2	46	30
11.3	51	33
11.4	49	30
11.5	54	33
11.6	57	35
11.7	42	18
11.8	24	12
11.9	28	16
11.10	15	8

표1 2013년 10월 28일에서 11월 10일까지의 서울시 미세먼지 오염도

다. 그래서 그대로 믿었다고 양해하더라도 최소한 그 기간에 국립환경과학원의 예보가 맞았는지를 확인함으로써 국립환경과학원의 주장을 검증하려는 태도는 취했어야 했다.

중국발 미세먼지가 어마어마하게 몰려온 듯 소란을 피운 2013년 10월 29일의 서울시 미세먼지 오염도는 PM10 $60\mu g/m^3$, PM2.5 $37\mu g/m^3$ 수준이었다. 그리고 또다시 중국발 미세먼지가 넘어온다는 국립환경과학원 예보를 마치 사실처럼 보도

하며 온 국민을 공포에 떨게 만든 11월 초까지의 오염도는 PM10 15~57$\mu g/m^3$, PM2.5 8~35$\mu g/m^3$으로 평범한 수준이었다. 지난해에 강화된 현재 기준으로도 대부분 '좋음'이나 '보통'에 해당하는 날들이었다.

이처럼 미세먼지 오염도가 평범한 수준이었던 기간에 왜 국립환경과학원과 환경부는 잘못된 예보를 남발하고, 언론은 입을 맞춰 중국발 미세먼지에 대한 공포 분위기를 조성한 것일까? 그 이유를 밝혀내기 위해서는 언론의 자기반성적 기사나 학자들의 조사연구, 이도 저도 아니면 환경부와 국립환경과학원에 대한 감사원 감사나 검찰 수사가 필요할지도 모르겠다.

여하튼 이때를 기점으로 '미세먼지=중국발'이라는 새로운 프레임이 급속도로 확산하며 세상을 지배했다. 미세먼지 오염을 줄이기 위한 연료 개선 정책, 오염 발생 규제 정책, 오염물질 저감 대책 등은 모두 대기오염 관리 대책에서 뒷전으로 밀려났다. 급기야 국내 미세먼지를 줄어야 한다는 의견에 욕설을 퍼붓는 지경까지 이르렀다.

덕분에 미세먼지를 관리하고 줄여야 하는 정부 관계자들은 그 책임에서 벗어났다. 미세먼지의 상당량이 중국에서 오기 때문에 국내 대책으로는 한계가 있다는 주장이 설득력 있게 받아들여졌기 때문이다. 서울시의 미세먼지 대책은 아예 제목부터 '중국발 미세먼지 대책'으로 바뀌었고, 환경부도 중국발 미세먼지에 대한 대책을 미세먼지 대책의 핵심과제로 제시했다.

'미세먼지=중국발'이라는 프레임이 굳어지니 기업이나 국민도 미세먼지를 저감하기 위한 실천이나 정부 정책에 협조할 일이 없어졌다. 최근 적발된 대기업들과 측정대행업체들이 미세먼지 배출량을 속이는 상상하기 힘든 부정을 서슴없이 저지를 수 있었던 데에도 '미세먼지는 모두 중국 탓'이라는 분위기가 한몫했을 것이다.

우리나라 미세먼지의 대부분이 중국발이라는 주장이 정부의 공식 입장이 된 상황에서 언론과 시민이 미세먼지 피해에 대한 대책을 중국 측에 요구하라고 주장하는 것은 당연한 반응이다. 그러나 중국발 미세먼지에 대한 정부의 주장이 애초에 충분한 과학적 근거가 있었던 게 아니다 보니 뒤늦게 이를 뒷받침할 연구가 시급해졌다. 대기 모델링을 연구하고 중국발 미세먼지의 영향을 연구하는 학자들에게는 역대 최고의 호시절이 온 것이다. 당연하게도 이들은 '미세먼지=중국'이라는 공식을 지키는 선봉장 역할을 자처하고 있다.

미세먼지 연구는 미세먼지 오염도를 줄이기 위한 연구여야 한다. 따라서 미세먼지 발생 원인을 찾고 효과적으로 줄이는 기술을 개발하는 연구가 돼야 하는데, 남 탓만 하다 보니까 연구가 죄다 모델링하고 추적하고 감시용 인공위성 쏘고 하는 식으로 되어버리고 만다.

미세먼지를 줄이기 위해 우리가 할 수 있는 일이 없다고 생각하면 불안감과 분노가 커지고 각자도생하는 길을 찾을 수밖에 없다. 불난 집에 부채질하듯 미세먼지에 대한 공포를 자극하고 조장하는 전문가들의 언론 인터뷰가 끊이지 않으면서 사람들은 외출만 해도 큰일이 나는 것으로 생각하게 됐다. 마스크 착용과 공기청정기 구입 같은 방법으로 살길을 찾으려는 사람들의 반응은 당연한 귀결이다. 정부와 전문가들의 마스크 착용 권고와 공기청정기 회사들의 판촉이 어우러져 관련 업종은 엄청난 매출 신장을 기록했다. 이런 현상은 곧바로 다른 모든 상업 광고나 판촉에서 미세먼지를 적극적으로 활용하는 유행을 불러일으켰다. 이른바 미세먼지 공포 마케팅의 전성시대가 도래했다.

정부는 과학적 근거도 없이 국민에게 마스크를 착용하라고 강요하고는 뒤늦게 취약계층을 상대로 마스크의 효능을 연구하고, 마스크 착용 방법과 생산 과정을 홍보하는 사업까지 연구라며 국비로 지원하고 있다. 인공강우 실험과 야외 공기정화기 설치 같은 거의 모든 전문가가 반대하는 연구나 대책을 정부가 강행하는 것도 미세먼지가 국내 오염원에서 발생하는 것이 아니라 중국에서 날아오는 것이라는 발상에 머물러 있는 탓이다. 미세먼지에 대한 국가적 대책을 수립하는 국가위원회의 위원장 자리에 미세먼지에 문외한인 외교 전문가를 임명한 것도 마찬가지 이유에서이다.

2013년 환경부가 불장난하듯이 시작한 중국발 미세먼지 절대 영향론은 이후 대한민국의 미세먼지 관련 정책, 연구, 산업, 시민 행동까지 모든 것을 바꿔놓았다. 하지만 지난 5년간 아무것도 해결되지 않았고 개선되지 않았다. 사태의 본질이 왜곡됐으니 당연한 결과이다. 국민이 미세먼지의 공포에서 벗어나지 못했던 지난 5년 동안 미세먼지 천동설의 주역들은 풍부한 연구비와 엄청난 매출 그리고 부귀영화를 누리며 행복한 시절을 보냈다. 이런 정의롭지 못한 시대를 이제는 끝내야 하지 않을까?

중국발 미세먼지에
과학적으로 접근하는 방법

미세먼지 문제를 책임지고 있는 환경부는 언론 인터뷰나 보도자료 등을 통해 중국발 미세먼지가 우리나라 미세먼지 오염에 미치는 영향이 절대적이라고 밝혀왔다. 평균 30~50%, 고농도 시 60~80%, 심하면 86%까지 높아진다고 주장한다. 언론도 '중국발 미세먼지 공습' 같은 제목으로 환경부 주장을 극적으로 표현한 기사를 지속적으로 보도해왔다. 학계나 정부기관 전문가들이 '중국발 미세먼지 절대 책임론'을 주장한 기사는 차고 넘친다. 일부 사회단체는 중국 대사관 앞에서 미세먼지 대책을 요구하며 항의하고, 심지어 중국을 상대로 소송을 제기하기도 했다.

　이렇게 정부, 학계, 언론, 사회단체까지 일사불란하게 '중국발 미세먼지 절대 책임론'을 외치고 있으니 대다수 국민

역시 믿지 않을 수가 없다. 우리나라에서 발생하는 미세먼지에 대한 대책의 필요성을 주장하는 환경단체나 언론인에게는 욕설을 퍼붓고, 심지어 중국에서 돈을 얼마나 받아먹었느냐는 황당한 모욕을 주기까지 한다. 중국의 영향을 부인한 것도 아닌데 말이다.

중국발 미세먼지에 대한 우리의 과학적 근거

중국발 미세먼지가 한국에 영향을 준다는 사실은 굳이 우리가 강력하게 주장하지 않아도 학술적으로나 국제사회에서 논란의 여지가 없다. 온실가스나 오존층 관련 국제협약의 경험 등을 통해 어느 나라에서 배출되는 대기오염물질이든 전 지구적으로 영향을 미친다는 사실은 상식이 됐기 때문이다. 특히 동북아 지역에서는 중국에서의 오염물질 발생 총량이 매우 많고 서풍의 영향이 크기 때문에 중국발 미세먼지가 한국에 영향을 미친다는 우리 주장은 과학적 논리에 잘 부합한다. 중국 학자들도 학술논문을 통해 중국발 미세먼지가 한국과 일본, 심지어는 미국과 유럽에까지 영향을 미칠 수 있다는 연구 결과를 제시하고 있다.

그런데 중국발 미세먼지가 우리나라 미세먼지 오염에 정

량적으로 얼마나 악영향을 주는지에 대해서는, 상당 수준이라고 짐작은 하지만 막상 신뢰할 수 있는 과학적 증거가 별로 없다. 인터넷상에는 마치 중국발 미세먼지가 우리나라 미세먼지 오염 원인의 전부인 양 주장하는 정보가 많이 돌아다닌다. 그러나 그런 자료는 대부분 출처가 불분명할뿐더러 학술토론이나 환경외교에서는 전혀 사용할 수 없는 수준이다.

검증되지도 않은 예상 오염도를 그저 그래픽이나 동영상으로 표현한 것들이 대다수임에도 전문 지식이 없는 일반인들은 이것을 인공위성 사진, 심지어는 실시간 영상으로까지 착각하면서 엄청난 양의 중국발 미세먼지가 우리나라를 덮치는 자료를 봤다고 주장한다.

하지만 그런 자료들을 보면, 작아서 눈에 보이지 않거나 아무리 농도가 높아도 뿌옇게 보이는 미세먼지가 시뻘건 색으로 표시되어 있고, 풍향이 화살표로 표시되어 있다든가 심지어 지도가 실선으로 그려져 있어 인공위성 사진이 아니라 그래픽이라는 것을 한눈에 알아볼 수 있다.

인공위성은 한 지점을 순식간에 통과하기 때문에 동일 지역의 변화를 동영상으로 촬영한 영상이 있을 수 없다. 이런 자료들은 알고도 일부러 그랬는지 모르고 그랬는지 확인할 수는 없으나 일본 기상청이나 미국 나사NASA 등의 명의를 도용하거나 잘못 인용하고 있다.

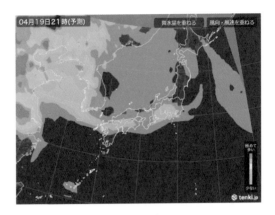

그림1 일본 기상청의 인공위성 사진으로 잘못 알려진 중국발 미세먼지 모델링 예측. 수치 없이 높고 낮음으로 표시됐고, 한국과 일본에서 발생하는 오염물질은 아예 없는 것으로 표현됐다. (출처: 일본 기상협회)[1]

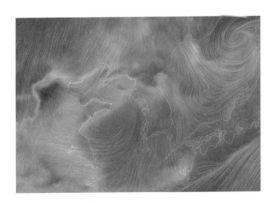

그림2 나사(NASA)의 실시간 미세먼지 인공위성 사진으로 잘못 알려진 컴퓨터 그래픽. 지도는 실선으로, 바람은 화살표로 그려져 있다. (출처: KBS 보도자료)

모래 등이 성층권 가까이까지 높이 올라가서 그곳에서 동쪽으로 강력하게 부는 제트기류를 타고 이동하는 황사처럼 지상 근처의 미세먼지도 비슷한 방식으로 서쪽으로 이동한다고 많이들 착각한다.

미세먼지 오염도가 동풍이 불면 낮고 서풍이 불면 높기 때문에 중국발 미세먼지의 영향이 지대하다는 주장은 대개가 비학술적이고 단면적인 주장일 뿐이다. 오염도는 풍향뿐 아니라 대기의 정체 상태에 더 큰 영향을 받는다. 따라서 풍속이나 혼합고는 차이가 없음을 밝히면서 동풍과 서풍이 불 때의 오염도 차이를 말하는 것이 아니라면, 설사 풍향에 따라 오염도 차이가 있다고 해도 그것이 중국발 미세먼지의 영향을 단정 짓는 근거라고 주장할 수는 없다.

또한 성층권 바로 아래의 제트기류 편서풍과 달리 지표면이나 해수면에서는 풍향이 얼마나 제멋대로인지, 중국에서 한국까지 미세먼지가 이동하는 데 걸리는 시간이 얼마인지 등에 대한 이해가 부족한 경우가 많다.

풍향은 기압 배치의 영향을 가장 크게 받으며, 초등학교에서 배우듯이 해풍과 육풍, 산바람과 골바람 때문에 하루에도 여러 번 바뀐다. 같은 시간에도 지역마다 풍향은 전혀 다르다. 기상청에서도 그날의 풍향을 '서풍'이나 '동풍'처럼 단정적으로 표현할 수 없기에 '최대 풍속 풍향' 등과 같은 표현으로 측정값을 발표한다. 그렇기에 어떤 지역의 바람 측정 자료는 결과적으로는 여러 풍향의 다양한 풍속을 동시에 표현한 '바람장미'라는 형태의 자료로 표현된다.

전체적으로 서풍 계열의 바람이 우세하기 때문에 우리가 중국에 미치는 영향보다는 중국이 우리나라에 미치는 영향이 훨씬 크다는 주장은 합리적으로 받아들여질 수도 있다. 그러나 어제는 동풍이 불어서 깨끗했는데 오늘은 서풍이 불어서 미세먼지 오염이 심해졌으니 중국 탓 아니냐는 주장은 전혀 논리적이지도 않거니와 우리나라 입장에서 유리한 주장도 아니다.

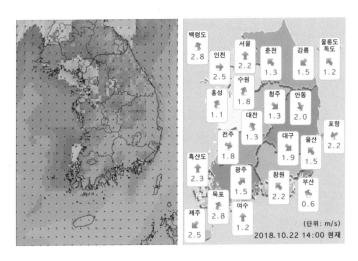

그림3 모델에 입력된 풍향.

그림4 같은 시간의 실제 풍향. 풍향이 한 방향인 모델과 달리 지역마다 풍향이 제각각이다.

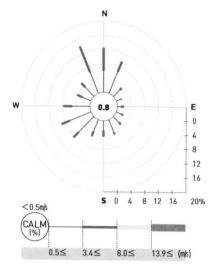

그림5 바람장미

서풍이 불 때의 공기는 어제 또는 얼마 전 동풍에 의해 서쪽으로 옮겨간 우리나라 공기가 되돌아온 것으로 볼 수 있기 때문에 풍향의 변화에 따른 오염도 차이를 단순하게 중국발 미세먼지가 절대적 영향을 미친다는 증거로 사용하기는 어렵다.

미세먼지에 '메이드 인 차이나' 또는 '메이드 인 코리아'라고 원산지가 쓰여 있는 것도 아니어서 중국발 미세먼지가 우리나라에 어느 정도 영향을 주는지 정량적으로 평가하기란 학술적으로 매우 어려운 과제이다. 지금까지 개발된 과학적 방법으로는 대기질 모델 등을 사용해 추정하는 것 이외에는 다른 수단이 없다. 따라서 현재 우리가 갖고 있는 '중국발 미세먼지 절대 책임론'의 과학적 근거는 환경부와 그 주변 일부 학자들의 대기질 모델링 결과가 유일하다 해도 과언이 아니다.

대기질 모델링이란?

대기오염물질은 배출원에서 발생하면 공기 중으로 빠르게 확산·이동하면서 농도가 점차 희석된다. 이 과정은 아주 다양한 요소의 영향을 받는다. 단위 시간당 배출되는 오염물질의 양, 배출가스 온도, 배출고도 등에 따라 달라지며 또한 풍향, 풍속, 대기안정도, 기온, 확산고도 등 많은 기상 요소도 크게 영향을 미친다. 대기오염물질은 대기 중에서 화학반응에 의해 생성되고 분해되며, 다른 물리적 현상으로 흡착되어 공기 중에서 제거된다. 배출원이 고정된 장소인지, 자동차처럼 이동하면서 배출하는지, 또는 넓은 지역에서 소량씩 발생하는 면오염원인지에 따라 배출 특성이 달라진다.

대기질 예측 모델은 수학 방정식을 이용해서 오염물질의 공간적·시간적 농도 변화를 계산하는 프로그램이다. 결과를 그래픽이나 동영상으로 구현해 보기 좋게 제공할 수도 있다.

방정식 자체는 대학원생도 쉽게 이해할 수 있는 정도이며, 여러 가지 프로그램이 이미 개발되어 있어 계산이 어렵다기보다는 입력할 자료를 제대로 확보하는 것이 관건이다.

모델링 결과가 신뢰를 받으려면 계산된 결과가 실제 상황을 잘 예측할 수 있어야 하지만, 모델 추계라는 것이 워낙 불확실성이 크고 오차도 크다. 한편 연구자가 임의로 입력 변수를 취사선택하거나 변형하면 어떤 결과든 의도한 대로 만들어낼 수 있기 때문에 모델에 입력하는 자료의 신뢰성이 가장 중요하다. 대기질 모델링에서 가장 중요한 입력 자료는 오염물질 발생원 자료와 기상 자료이다.

국가 간 대기오염물질 이동에 관한 모델링을 하려면 국가 차원에서 수집한 각종 오염물질 발생원 자료가 필요한데, 상당 부분이 산업체와 관련된 정보이기 때문에 정확하거나 세밀한 자료를 다른 나라에서 확보하기는 어렵다. 따라서 이웃 나라에 미치는 영향을 정량적으로 평가하기 위해서는 주변 국가들의 공동연구가 불가피하다.

우리나라 미세먼지 모델링 수준은?

중국발 미세먼지 기여율을 낮게는 30%, 높게는 86%로 제시

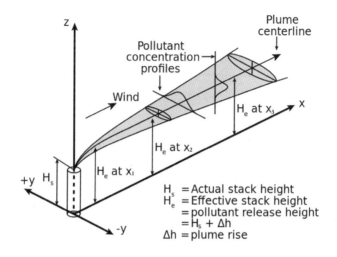

그림6 대기오염물질 이동 확산의 기본 개념. 공장 굴뚝에서 배출된 연기는 굴뚝의 높이, 풍향과 풍속 등에 따라 오염 농도가 희석되는데, 이를 수식으로 계산하는 것이 모델링의 기본 개념이다. (출처: 위키피디아)[2]

한 환경부의 주장 역시 대기질 모델을 활용한 추정 결과이다. 현재 환경부가 주로 사용하고 있는 모델은 미국 환경보호청에서 개발한 CMAQ란 모델로 누구나 쉽게 파일을 내려받아 사용할 수 있는 공용 프로그램이다.[3] 이 모델은 중국 학자들도 많이 활용하고 있는 보편적인 모델이어서 우리가 중국보다 특별히 기술적 우위에 있다는 근거는 전혀 없다. 오히려 국제 학술지 논문을 검색해보면 이 모델을 사용한 논문은 중국이 우리보다 압도적으로 많다.

국제 학술지에 실렸다고 모두 진실은 아니지만, 연구 과정과 결과를 투명하게 밝힌 논문이 동료 전문가들의 심사를 거쳐 국제 학술지에 게재되면 연구 결과의 과학성에 대한 신뢰를 어느 정도 획득했다고 할 수 있다. 심사가 까다롭고 엄격한 학술지일수록 그 결과의 신뢰도는 높아진다.

그런데 환경부 주장, 즉 중국발 미세먼지가 우리나라 미세먼지 오염에 미치는 기여도를 산출한 모델링 결과가 국제 학술지에 게재된 사례는 2019년 2월까지는 없었다. 따라서 환경부의 모델링 결과는 우리 정부 연구소 내에서 자체적으로 계산한 결과이지, 국제 학계에서 신뢰를 확보한 결과라고 평가하기는 어렵다.

우리나라의 확산 모델링 관련 기술력에 대한 평가를 떠나서 중국의 미세먼지 발생원 자료나 중국 내부의 세밀한 기상 자료가 없기 때문에 모델링 결과가 신뢰성을 확보하기는 원천적으로 어렵다. 더욱이 국내 미세먼지 예측치가 실제 값과 잘 맞지도 않아서 신뢰도는 낮을 수밖에 없다.

환경부는 국정감사 제출 자료에서 지금 환경부가 발표하고 있는 모델링 결과는 중국 내 미세먼지 발생원 자료기 없어서 추정치를 넣고 계산한 것이라고 고백했다. 또한 예측 오염도가 실제 오염도와 많이 다르다는 점은 매일 발표하는 자료를 실제로 비교해보면 금방 알 수 있는 사실인데, 이 역시 환경부 국정감사 보고 자료에 잘 나타나 있다.

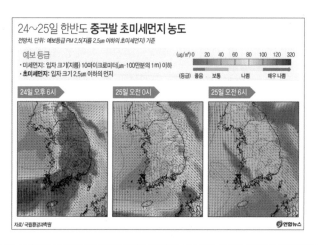

그림7 환경부의 국립환경과학원 모델링 결과의 언론 보도 사례. 중국발 미세먼지가 한국을 덮치는 것으로 표현하고 있다. 사람들이 인공위성 사진으로 착각하기도 한다. (출처: 《연합뉴스》)[4]

　　물론 미세먼지 모델링과 예보가 결코 쉬운 일은 아니다. 날씨도 맞추기 어려워서 쩔쩔매는데, 그보다 훨씬 난해한 미세먼지 오염도를 정확히 예측하기란 기본 자료도 크게 부족한 상황에서 매우 힘든 일이다. 진짜 문제는 정확도가 떨어진다는 사실보다 정확하지 않고 정확할 수도 없는 모델링 결과를 마치 사실처럼 말하는 뻔뻔스러움이다. 그리고 그 때문에 발생하는 미세먼지 정책의 심각한 왜곡이다.

중국의 미세먼지 모델링 수준은?

환경부는 매일같이 중국발 미세먼지의 영향을 모델링해서 발표한다. 물론 중국은 그렇게 하지 않는다. 그러나 중국발 미세먼지가 전 세계 여러 지역에 미치는 영향을 분석한 모델링 결과를 세계 최고 수준의 학술지《네이처Nature》에 게재한 바 있다. 그 논문에서 우리나라는 북한, 일본, 몽골과 함께 묶여 평가됐기에 우리나라에 미치는 영향이 별도로 제시되어 있지는 않지만, 마음만 먹으면 쉽게 모델링 할 수 있음은 짐작할 수 있다.

중국 내 지방자치단체 수준에서의 미세먼지 확산과 상호 영향에 관한 연구들은 다수의 국제 학술지에 게재됐다. 예컨대 베이징이 주변 지자체의 대기오염물질 장거리 이동으로 받는 연평균 영향이 PM2.5 42.2%, 황산염 46.3%, 질산염 77.4%, 암모늄 61.6%라고 밝히기도 했다.

또한 우리는 최근에야 시작한 미세먼지(PM2.5) 측정과 구성성분에 대한 연구를 중국은 이미 오래전부터 실시했고, 베이징 등지에서는 무려 20여 년 전부터 조사연구를 실시했다는 사실도 국제 학술지에 게재한 그들의 논문을 통해 알 수 있다. 중국이 오염물질 배출량이 워낙 많아 환경의 질은 우리보다 훨씬 나쁘지만, 미세먼지의 장거리 수송에 관한 모델

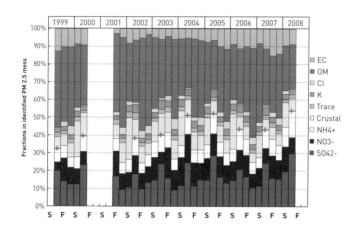

그림8 베이징 미세먼지(PM2.5) 구성성분 연도별 변화 (출처: Aerosol and Air Quality Research, 2013)[5]

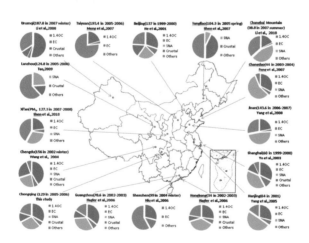

그림9 중국 전역 미세먼지(PM2.5)의 구성성분을 밝힌 학술논문[6]

링을 비롯한 미세먼지 관련 분야에서 우리보다 학술적으로 훨씬 앞서가고 있음은 부인하기 어렵다.

중국 정부 관리들은 언론 인터뷰를 통해 중국발 미세먼지가 한국에 미치는 영향은 연구해봐야 안다고 밝혔지만, 모델링을 할 능력이 없어서 안 한 것은 아닌 듯싶다. 그동안 우리나라에서 중국발 미세먼지에 대한 책임론과 비난이 높은 것을 잘 알고 있는 만큼 이미 모델링을 해봤을 가능성도 있어 보인다.

우리 정부의 주장만큼 높지는 않지만 영향을 미치는 것은 확실하므로 결과를 공개하지 않고 있는지도 모른다. 현재로서는 공식적으로 인정했다가는 중국에 유익할 것이 하나도 없기 때문이다.

한중 역량의 비교

지금까지 살펴본 바를 토대로 한중 두 나라의 미세먼지 연구 역량을 비교해보면, 인정하기 속상하지만 다음과 같은 평가가 불가피할 듯싶다.

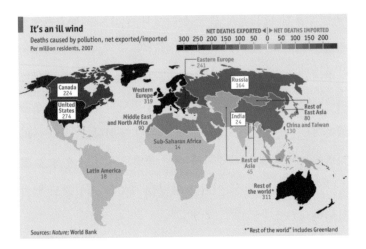

그림10 《네이처》에 실린 중국의 미세먼지 장거리 이동 연구를 소개한 외신 (출처: 《The Economist》)[7]

- 모델링에 필수적인 미세먼지 발생원에 관한 정확한 정보나 중국 내부의 세부 기상 자료는 중국만이 갖고 있다.

- 우리 정부가 단독으로 중국발 미세먼지 기여도를 계산한 결과 는 학술적인 신뢰를 확보했다고 보기 어렵다.

- 미세먼지 장거리 이동에 관한 기술력이나 경험을 객관적인 학 술 실적으로 평가하면 중국이 우리보다 훨씬 앞서 있음을 부인 하기 어렵다.

이런 상황에서 한중 정상회담이나 제3의 국제회의 또는 소송에서 중국을 이길 수 있을지 의문이다. 이에 분개해 앞으로 미세먼지 장거리 이동 모델링 연구에 적극 투자하자는 주장이 나올 수도 있다. 그러나 현재의 한중 관계에서는 모델에 입력할 중국 쪽 자료가 부재한다는 결점을 극복할 방법이 없다. 답답하지만 현실이다.

한중 환경외교의 걸림돌

우리나라의 요청으로 오랫동안 한중일 환경장관회의 등이 진행되고는 있다. 언론에서는 한중일 환경장관회의가 열리면 우리나라 미세먼지의 주원인인 중국발 미세먼지 문제를 논의할 것이라고 보도하곤 한다. 누가 설명 자료를 냈을까? 당연히 환경부이다.

중국발 미세먼지가 우리나라에 미치는 영향을 정량적으로 평가하려면 중국 측 오염 발생원 자료가 필수적인데, 그것을 확보하려면 중국과의 공동연구가 반드시 필요하다. 자국 기업체 정보 등 각종 자료를 우리에게 그냥 제공할 리가 없기 때문이다. 그런데 공동연구를 하기도 전에 환경부는 이미 중국발 미세먼지의 영향이 고농도 시 60~80%라고 단정 짓고 있다. 우리 측 미세먼지 모델링 결과가 너무나도 한계가 뚜렷한 예측임에도 거침없이 중국 탓을 하고 공식 자료로도 배포하고 있는데, 이런 태도는 중국에 공동연구 하지 말자고 하는 것이나 다름없다.

미세먼지 장거리 이동에 따른 영향을 모델링 하는 것의 본질적 어려움을 고려할 때, 현재 환경부가 단독으로 중국발 미세먼지가 우리나라에 미치는 영향을 '고농도 발생 시'로 나눠서 산출하고 심지어 일 단위 수치까지 발표하는 것은 학술적 입장에서 보면 만용의 극치라고 할 수 있다. 정부의 공식 의견으로 발표해서는 안 되는 수준이다. 환경부는 한중일 환경장관회의가 끝나면 "미세먼지는 한중일 환경장관회의

환경부, 미세먼지는 한중일 환경장관회의로 끝 | 실시간뉴스
2014.05.03. 00:08
http://blog.naver.com/cartvnews/10190484641 블러
⊕ 번역하기   Q 전용뷰어 보기

그림11 환경부의 홍보자료

로 끝"이라는 식의 자료를 배포하기도 한다. 마치 우리나라 미세먼지 문제는 중국 때문인데, 중국 측도 이에 동의한 것처럼 말한다.

이런 상황에서 중국 정부가 과연 한국 환경부를 신뢰할지 의문이다. 중국은 한국 환경부의 한중 환경외교 최대 목적이 중국의 오염 발생원 자료를 빼내는 것이라고 짐작하고 있는 듯하다. 무리한 억측이라고 할 수 없는 것이, 중국은 여러 해에 걸쳐 한중일 환경장관회의에 장관이 아닌 차관을 보내는, 자칫 외교적 결례로 보일 수 있는 조치를 감행하며 회의의 중요성을 무시했고, 한중 간 논의 결과를 문서로 작성하자는 요구도 거부하곤 했다. 이렇게 무례하게 굴어도 한국 환경부는 오히려 중국에 지원을 약속하는 등 저자세 외교를 하니 중국은 더욱더 뭔가 불순한 목적이 있다고 생각할 수밖에 없다. 상황이 이렇다 보니 일본 역시 차관을 보내기도 한다. 우리만 항상 장관이 참석한다. 미세먼지 관련해 무언가 하고 있다는 모습을 보이기 위해서이다.

환경부는 중국발 미세먼지 문제가 고착 상태인 이유를 중국의 비협조 탓으로 돌리지만, 진짜 한중 환경외교의 걸림돌은 환경부의 인식과 태도로 보인다.

중국발 미세먼지 영향의 크기를 확인하려면

중국발 미세먼지의 영향을 공동으로 연구하지 못해서 할 수 없이 일방적 결과를 발표하더라도 국제적으로 인정만 받는 다면 상관없을 수도 있다. 그러나 전혀 그렇지 못하니 문제이다. 중국 측 자료는 고사하고 지금 환경부는 국내 오염물질 발생량도 제대로 파악하지 못하고 있다. 더구나 모르는 부분은 모두 국외 탓으로 돌리고 있는 터라 외국에서 유입되는 오염물질의 기여도가 실제보다 높게 평가될 수밖에 없다.

세계적인 논문들이나 유럽에서 진행한 미세먼지의 장거리 이동 연구 결과를 보면, 모르거나 불확실한 부분은 확실하게 인정한다. 미세먼지는 자연현상에서도 발생하기 때문에 인위적 발생원을 모두 파악하려고 해도 안 되는 부분이 있기 마련이어서 그런 부분은 몇 %라고 밝힌다.

미세먼지는 바다에서 발생하는 양도 상당하므로 우리의 경우에는 서해, 동해, 남해의 영향도 파악되어야 한다. 또 중국과 한국 사이를 오가는 선박이나 항공기에서 배출하는 오염원은 누구 탓인지, 상대국 안에 있는 우리 기업과 국민, 관광객이 배출하는 오염물질은 어떻게 분류해야 하는지 등 난제가 하나둘이 아니다.

오염물질 배출과 기상 여건은 시시각각 변화하므로 매일

매일 기여율이 달라진다. 그러나 시시각각 변화하는 오염물질 발생량과 기상 자료는 근본적으로 산출이 불가능하기 때문에 매일매일 기여율을 산출한다는 것은 상상의 모델에서나 가능하지 실제로는 불가능하다. 그래서 연평균이나 계절평균 같은 장기간의 평균적 기여율을 산출할 수밖에 없다.

이런 모든 입력 변수들을 양국은 물론이고 주변 국가가 함께 논의하고 합의해야 비로소 공식적 수치로 확정할 수 있다. 그런 결과는 불확실성을 감안해 편차를 표시하더라도 환경부처럼 '평균 30~50%', '고농도 시 60~80%' 식의 막연한 수치가 아니라 정확한 평균 수치를 산출할 수 있다.

또한 당연히 각국이 서로 주고받는 영향을 함께 밝혀야 한다. 즉 중국이 우리에게 주는 영향이 얼마이면 우리가 중국에 주는 영향이 얼마인지도 밝히는 식이다. 동북아에서 중국과 한국 두 나라만 미세먼지가 발생하고 서로 영향을 주는 것이 아니므로 북한이나 일본의 영향도 동시에 확인해야 신뢰를 확보할 수 있다. 따라서 최소한 4개국 또는 러시아와 몽골까지 포함한 6개국의 공동연구가 필요하다.

Receptor country or area		AL	AM	AT	AZ	BA	BE	BG	BY	CH	CS	CY	CZ	DE	DK	EE	ES	FI	FR	GB	GE	GR	HR	HU	IE
Albania	AL	15	0	1	0	6	0	9	0	0	11	0	1	2	0	0	1	0	1	0	0	7	1	2	0
Armenia	AM	0	13	0	7	0	0	1	0	0	0	0	0	0	0	0	0	0	0	0	2	0	0	0	0
Austria	AT	0	0	19	0	1	1	1	1	0	2	1	0	5	20	0	0	1	0	5	1	0	0	2	4
Azerbaijan	AZ	0	3	0	33	0	0	1	1	0	0	0	0	0	0	0	0	0	0	0	4	0	0	0	0
Bosnia and Herzegovina	BA	1	0	2	0	23	0	3	0	0	10	0	2	5	0	0	1	0	2	0	0	1	7	6	0
Belgium	BE	0	0	1	0	0	21	0	0	1	0	0	1	15	0	0	1	0	21	8	0	0	0	0	0
Bulgaria	BG	1	0	1	0	2	0	32	1	0	6	0	1	2	0	0	0	0	1	0	0	3	1	3	0
Belarus	BY	0	0	0	0	0	0	1	25	0	1	0	1	4	1	0	0	1	1	1	0	0	0	1	0
Switzerland	CH	0	0	2	0	0	2	0	0	17	0	0	1	15	0	0	2	0	17	2	0	0	0	1	0
Serbia and Montenegro	CS	1	0	1	0	7	0	7	1	0	27	0	2	4	0	0	0	0	1	0	0	1	2	7	0
Cyprus	CY	0	0	0	0	1	0	5	0	0	1	6	0	0	0	0	0	0	0	0	0	2	0	0	0
Czech Republic	CZ	0	0	6	0	1	1	1	1	1	1	0	18	22	1	0	1	0	5	2	0	0	1	4	0
Germany	DE	0	0	2	0	0	3	0	1	2	0	0	3	41	1	0	1	0	10	4	0	0	0	1	0
Denmark	DK	0	0	1	0	0	2	0	1	0	0	0	1	18	17	0	1	0	6	7	0	0	0	1	0
Estonia	EE	0	0	0	0	0	1	1	8	0	0	0	1	5	1	13	0	5	2	2	0	0	0	1	0
Spain	ES	0	0	0	0	0	1	1	0	0	0	0	0	2	0	0	53	0	10	2	0	0	0	0	0
Finland	FI	0	0	0	0	0	0	0	4	0	0	0	0	3	1	3	0	25	1	1	0	0	0	0	0
France	FR	0	0	1	0	0	3	0	0	2	0	0	1	10	0	0	5	0	45	6	0	0	0	0	0
United Kingdom	GB	0	0	0	0	0	3	0	0	0	0	0	1	9	1	0	1	0	12	40	0	0	0	2	0
Georgia	GE	0	3	0	7	0	0	2	1	0	0	0	0	0	0	0	0	0	0	0	19	0	0	0	0
Greenland	GL	0	0	0	0	0	0	0	0	0	0	0	0	0	0	0	0	0	0	0	0	0	0	0	0
Greece	GR	2	0	0	3	0	0	20	1	0	4	0	1	1	0	0	0	0	1	0	0	18	1	2	0
Croatia	HR	0	0	4	0	7	0	2	0	0	7	0	2	6	0	0	1	0	2	1	0	0	15	7	0
Hungary	HU	0	0	4	0	2	0	3	1	0	6	0	3	7	0	0	0	0	2	1	0	0	4	21	0
Ireland	IE	0	0	0	0	0	2	0	0	0	0	0	1	7	1	0	1	0	10	28	0	0	0	0	19
Iceland	IS	0	0	0	0	0	1	0	1	0	0	0	1	5	0	0	1	0	3	8	0	0	0	2	23
Italy	IT	0	0	2	0	3	0	2	0	1	2	0	1	4	0	0	1	0	5	1	0	1	2	2	0
Kazakhstan	KZ	0	0	0	0	0	0	1	2	0	0	0	1	0	0	0	0	0	0	0	0	0	0	0	0
Lithuania	LT	0	0	1	0	0	1	1	12	0	0	0	1	6	1	1	0	1	2	2	0	0	0	1	0
Luxembourg	LU	0	0	1	0	0	10	0	0	1	0	0	2	24	0	0	1	0	25	5	0	0	0	0	0
Latvia	LV	0	0	0	0	0	1	1	12	0	0	0	1	6	1	2	0	2	2	2	0	0	0	1	0
Republic of Moldova	MD	0	0	1	0	1	0	4	2	0	2	0	1	3	0	0	0	0	1	0	0	0	0	2	0
TFYR Macedonia	MK	4	0	1	0	4	0	14	0	0	12	0	1	2	0	0	0	0	1	0	0	9	1	3	0
Malta	MT	0	0	0	0	4	0	3	0	0	2	0	1	0	0	0	2	0	3	0	0	1	1	1	0
Netherlands	NL	0	0	1	0	0	8	0	0	0	0	0	1	19	1	0	1	0	12	9	0	0	0	1	0
Norway	NO	0	0	0	0	0	0	1	2	0	0	0	1	9	5	1	1	2	4	7	0	0	0	1	0
Poland	PL	0	0	2	0	1	1	1	3	0	1	0	4	11	1	0	0	0	3	2	0	0	1	3	0
Portugal	PT	0	0	0	0	0	0	0	0	0	0	0	1	0	0	0	31	0	4	1	0	0	0	0	0
Romania	RO	0	0	1	0	2	0	8	1	0	5	0	1	3	0	0	0	0	1	0	0	1	1	5	0
Russian Federation	RU	0	0	0	0	0	0	1	3	0	0	0	1	0	0	0	1	0	0	0	0	0	0	0	0
Sweden	SE	0	0	0	0	0	1	0	3	0	0	0	1	10	5	1	0	3	3	4	0	0	0	1	0
Slovenia	SI	0	0	8	0	2	0	1	0	1	2	0	2	9	0	0	1	0	3	1	0	0	7	4	0
Slovakia	SK	0	0	3	0	1	1	2	1	1	3	0	6	8	0	0	0	0	2	1	0	2	13	0	0
Turkey	TR	0	0	0	0	1	0	6	1	0	1	0	0	0	0	0	0	0	0	0	1	0	1	0	0
Ukraine	UA	0	0	0	0	1	0	2	4	0	1	0	1	2	0	0	0	1	0	0	0	0	2	0	0
Remaining NE Atlantic Ocean	ATL	0	0	0	0	0	2	0	1	0	0	0	5	0	0	5	0	12	11	0	0	0	0	2	1
Baltic Sea	BAS	0	0	1	0	0	1	0	4	0	0	0	1	13	5	2	0	3	3	3	0	0	0	1	0
Black Sea	BLS	0	0	0	0	1	0	7	2	0	1	0	0	1	0	0	0	0	0	1	1	0	1	0	0
Mediterranean Sea	MED	1	0	1	0	3	0	6	0	0	2	0	0	2	0	0	3	0	4	0	0	3	1	1	0
North Sea	NOS	0	0	0	0	0	4	0	1	0	0	0	1	15	4	0	1	0	14	18	0	0	0	1	0
Remaining Asiatic areas	ASI	0	0	0	3	0	0	2	1	0	0	1	0	0	0	0	0	0	0	1	0	0	0	0	0
North Africa	NOA	0	0	0	0	3	0	8	0	0	2	0	0	1	0	0	3	0	2	0	0	3	1	1	0

Emitter country or area

IT	KZ	LT	LU	LV	MD	MK	MT	NL	NO	PL	PT	RO	RU	SE	SI	SK	TR	UA	ATL	BAS	BLS	MED	NOS	ASI	NOA	BIC	VOL	NAT	
7	0	0	0	0	1	5	0	0	0	3	0	5	1	0	0	1	1	3	0	0	0	10	0	0	0	1	1	0	AL
0	1	0	0	0	0	0	0	0	0	1	0	1	4	0	0	0	46	3	0	0	0	1	0	10	0	3	3	0	AM
14	0	0	0	0	0	0	0	1	0	6	0	2	1	0	2	1	0	2	0	1	0	2	1	0	0	2	0	0	AT
0	2	0	0	0	0	0	0	0	1	0	1	1	12	0	0	0	19	5	0	0	0	1	0	9	0	4	1	0	AZ
9	0	0	0	0	0	1	0	0	0	5	0	5	1	0	1	1	0	3	0	0	0	5	0	0	0	1	1	0	BA
2	0	0	1	0	0	0	0	9	0	2	0	0	1	0	0	0	0	1	1	0	0	0	7	0	0	3	0	1	BE
2	0	0	0	2	1	0	0	0	4	0	17	3	0	0	1	2	10	0	0	1	2	0	0	0	1	0	0	0	BG
1	0	2	0	1	1	0	0	0	14	0	3	15	1	0	1	0	18	0	2	0	0	1	0	0	1	0	0	0	BY
27	0	0	0	0	0	0	0	1	0	2	0	1	0	0	1	0	0	1	0	0	0	2	2	0	0	2	0	0	CH
5	0	0	0	0	1	1	0	0	0	6	0	10	2	0	0	1	1	5	0	0	0	3	0	0	0	1	1	0	CS
1	0	0	0	0	0	0	0	0	0	1	0	2	2	0	0	0	48	4	0	0	1	14	0	2	1	1	2	1	CY
4	0	0	0	0	0	0	0	1	0	14	0	2	1	0	1	2	0	3	0	1	0	1	1	0	0	2	0	0	CZ
3	0	0	0	0	0	0	0	5	0	7	0	1	1	1	0	0	0	2	0	2	0	4	0	0	0	2	0	0	DE
1	0	0	0	0	0	0	0	4	1	8	0	1	2	3	0	0	0	2	1	8	0	9	0	0	0	2	0	1	DK
1	0	3	0	3	0	0	0	1	1	8	0	1	19	4	0	0	0	7	0	6	0	1	0	0	0	2	0	1	EE
3	0	0	0	0	0	0	0	0	0	1	5	0	0	0	0	0	0	0	3	0	0	10	1	0	1	4	1	1	ES
0	0	1	0	1	0	0	0	1	1	5	0	1	29	5	0	0	0	4	0	5	0	0	1	0	0	3	0	1	FI
6	0	0	0	0	0	0	0	2	0	2	0	0	0	0	0	0	0	1	0	0	0	3	5	0	0	2	0	1	FR
1	0	0	0	0	0	0	0	4	0	2	0	0	1	0	0	0	0	1	3	1	0	9	0	0	0	4	0	2	GB
0	1	0	0	0	0	0	0	0	0	1	0	1	12	0	0	0	31	7	0	0	2	1	0	4	0	2	2	0	GE
0	0	0	0	0	0	0	0	0	0	1	0	2	0	0	0	0	0	0	0	0	0	0	0	0	0	94	0	2	GL
4	0	0	0	0	1	3	0	0	0	3	0	8	2	0	0	4	6	0	0	1	10	0	0	0	1	1	0	0	GR
13	0	0	0	0	0	0	0	0	0	6	0	4	1	0	3	1	0	3	0	0	0	5	0	0	0	1	0	0	HR
5	0	0	0	0	0	0	1	0	11	0	8	2	0	1	4	0	7	0	0	0	2	1	0	0	1	0	0	0	HU
1	0	0	0	0	0	0	0	3	0	2	0	0	0	0	0	0	0	0	5	1	0	0	7	0	0	5	0	4	IE
1	0	0	0	0	0	0	0	0	1	3	0	0	3	1	0	0	0	1	3	1	0	0	3	0	0	22	0	16	IS
48	0	0	0	0	0	0	0	0	1	2	0	2	1	0	1	0	1	0	0	0	0	12	0	0	0	2	1	0	IT
0	15	0	0	0	0	0	0	0	0	2	0	1	47	0	0	0	0	13	0	0	0	0	1	0	10	0	0	0	KZ
1	0	13	0	1	1	0	0	1	0	18	0	2	12	2	0	1	0	10	0	4	0	1	0	0	1	0	0	0	LT
2	0	0	8	0	0	0	0	5	0	2	0	0	0	0	0	0	0	1	1	0	0	1	4	0	0	2	0	0	LU
1	0	7	0	8	0	0	0	1	0	13	0	2	15	3	0	1	0	10	0	4	0	1	0	0	1	0	0	0	LV
1	0	0	0	0	17	0	0	0	0	7	0	15	6	0	0	1	1	27	0	1	1	1	0	0	1	0	0	0	MD
4	0	0	0	0	1	13	0	0	0	4	0	8	2	0	0	1	1	4	0	0	0	5	0	0	0	1	1	0	MK
15	0	0	0	0	0	1	11	0	0	2	0	2	1	0	0	0	1	0	0	0	0	38	0	0	1	2	3	2	MT
1	0	0	0	0	0	0	0	21	0	4	0	0	1	0	0	0	0	1	1	1	0	0	10	0	0	3	0	1	NL
1	0	1	0	0	0	0	0	3	15	6	0	1	11	6	0	0	0	2	1	3	0	0	5	0	0	7	0	3	NO
2	0	1	0	0	0	0	0	1	0	40	0	2	4	1	0	2	0	7	0	2	0	0	1	0	0	1	0	0	PL
1	0	0	0	0	0	0	0	0	0	0	39	0	0	0	0	0	0	0	7	0	0	4	1	0	0	5	0	2	PT
2	0	0	0	0	3	0	0	0	0	7	0	34	3	0	0	1	1	13	0	0	1	1	0	0	1	0	0	0	RO
0	2	0	0	0	0	0	0	0	0	2	0	1	67	0	0	0	1	12	0	0	1	1	0	0	3	0	0	0	RU
1	0	1	0	0	0	0	0	2	3	9	0	1	9	21	0	0	0	3	1	7	0	3	0	0	3	0	1	0	SE
23	0	0	0	0	0	0	0	1	0	5	0	3	1	0	14	1	0	2	0	0	0	5	1	0	0	1	0	0	SI
4	0	0	0	0	0	0	0	1	0	20	0	6	2	0	1	11	0	7	0	1	0	1	1	0	0	1	0	0	SK
1	0	0	0	0	1	0	0	0	0	2	0	4	4	0	0	0	58	6	0	1	0	2	4	0	2	2	2	0	TR
1	0	0	0	0	2	0	0	0	0	8	0	5	13	0	0	1	1	46	0	1	1	0	0	0	0	1	0	0	UA
1	0	0	0	0	0	0	0	2	1	2	2	0	6	1	0	0	0	1	8	1	0	0	4	0	0	19	0	12	ATL
1	0	2	0	1	0	0	0	2	1	14	0	1	8	8	0	0	0	5	0	10	0	0	3	0	0	2	0	1	BAS
1	1	0	0	0	3	0	0	0	4	0	8	15	0	0	11	27	0	7	0	7	0	1	0	1	0	1	0	1	BLS
11	0	0	0	0	0	1	0	0	0	2	0	3	1	0	0	0	8	3	0	0	1	29	0	0	1	2	2	2	MED
1	0	0	0	0	0	0	0	7	1	4	0	0	1	1	0	0	0	1	2	2	0	0	12	0	0	3	0	3	NOS
0	3	0	0	0	0	0	0	0	0	1	0	1	10	0	0	0	32	5	0	0	1	5	0	20	0	7	3	0	ASI
7	0	0	0	0	0	1	0	0	0	2	0	3	1	0	0	0	6	3	0	0	0	5	0	0	9	6	6	1	NOA

표2 유럽 국가 간 미세먼지의 장거리 영향을 수치로 나타낸 표[8]

이해 불가능한 한국 정부의 미세먼지 정책

한국 정부의 미세먼지 정책에 대해서는 국제 환경단체들뿐 아니라 외국 언론이나 전문가들도 이해하기 어렵다는 반응을 보인다.

한국 국민은 세계 어느 나라 국민보다 미세먼지 오염에 민감하다. 조금만 오염도가 높아져도 마스크를 쓰고 아이들을 밖에 내보내지 않는다. 그런 불편을 감수하면서도 왜 한국 정부는 미세먼지 발생을 줄이려는 노력을 소홀히 하고 오히려 증가시키는 정책을 펴는지 이해하지 못한다. 석탄화력발전소를 증설하겠다는 계획 또한 비판의 단골 사례이다.

중국발 미세먼지가 문제의 원인이니까 국내 미세먼지 발생량은 줄여봐야 소용없다고 하는데, 이는 기초 상식에도 어긋나는 주장이다. 중국발 미세먼지가 절대적 영향을 미친다고 주장하는 사람들도 아마 옆으로 자동차가 지나가면서 매연을 뿜어대면 코를 막고 피할 것이다. 거주 지역 주변의 공장에서 배출하는 대기오염물질로 고통받는 주민들도 상당수 있을 것이다.

이처럼 우리 주변에서 발생하는 오염이 우리에게 가장 큰 악영향을 준다는 것은 경험적으로도 너무나 명확한 사실이다. 따라서 국내 미세먼지 발생을 줄이면 당장 우리에게 긍정적 효과가 있기 마련이다.

우리가 중국 탓을 하지 않고 내부 오염물질 발생을 열심히 줄였던 기간에는 실제로 미세먼지 오염도가 크게 개선되었다는 증거도 있다. 서울시 자료를 분석해보면, 적극적으로 미세먼지 발생량을 줄이고자 노력한 기간에 미세먼지 오염도가 크게 개선되는 효과를 거두었다. 기상 조건의 영향도 받기 때문에 해마다의 성과는 조금씩 들쭉날쭉하지만, 10년 동안 정확하게 미세먼지 발생량 감축 비율만큼 개선됐다.

중국은 오염도는 심하지만 막대한 재원을 투입해 자국 내 미세먼지 발생량을 줄이려고 노력하고 하고 있다. 열심히 자

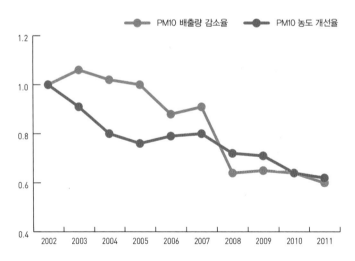

그림12 미세먼지 발생량 감축과 미세먼지 오염도 개선 추이의 관계(2002~2011년 서울시 사례, 분석 장재연)

기 나라 미세먼지 발생량부터 줄이기 위해 노력하는 나라와 이웃나라 탓만 하면서 자기 나라 미세먼지 발생량을 줄일 노력은 전혀 하지 않고 되레 늘리려는 나라 중에서 국제사회는 누구 편을 들어줄까?

우리가 해야 할 일

중국발 미세먼지가 날아온다며 분노하고 마스크를 쓰는 것이 해결책이 될 리 없다. 미세먼지가 싫으면 미세먼지 농도를 낮춰야 한다. 그러려면 어찌 되었건 국내에서 발생하는 미세먼지를 줄여야 하는데, 그러면 무조건 좋은 결과가 나타난다.

첫째, 얼마가 됐든 우리 주변의 공기질이 확실히 더 좋아진다.

둘째, 우리가 감축하기 어려운 오염원까지 줄이면 그만큼 우리에 대한 국제사회의 평가가 높아질 수밖에 없다. 한국은 더 이상 줄일 것이 없으니 중국이 더 많이 노력해야 한다고 생각하게 된다.

셋째, 대다수 국민이나 환경부가 좋아할 효과까지 덤으로 생긴다. 우리가 국내 미세먼지 발생량을 줄이면 줄일수록 중국발 미세먼지가 우리에게 미치는 기여도는 높아진다.

환경부 주장대로 지금 중국발 미세먼지가 50%의 영향을 주고 있다면, 우리 내부 발생량을 절반으로 줄이면 중국발 미세먼지 기여도는 67%로 증가한다. 현재 중국발 미세먼지 기여도가 30%에 불과하다 하더라도 46%로 급격히 증가한다. 이는 외교적으로 중국에 더 강력하게 항의할 수 있는 근거가 된다. 모델 갖고 장난쳐서 국제사회의 비웃음을 사는 것보다는 오염물질 발생량을 줄이는 편이 정당하게 중국 책임을 높이는 길이다.

환경부는 중국발 미세먼지 모델링 결과를 한중 외교의 근거로 사용하고 싶다면 우선 국내 지자체를 대상으로 하는 연구부터 해야 한다. 중국 자료는 없지만 국내 미세먼지 발생원이나 기상 자료는 다 갖고 있으니 그것을 활용해 지자체 간 영향부터 확인하고, 그 결과를 국제 학술지 등에 게재함으로써 연구 능력을 키우고 학술적 신뢰부터 쌓아야 한다.

어쩌면 환경부는 지자체 간 영향을 이미 확인해보았을지도 모르겠다. 그렇다면 왜 각 지자체나 국민에게 제대로 밝히지 않는지 의문이다. 지자체 간 갈등을 염려해서 그랬다면, 한중 간에는 더욱 예민한 외교 문제가 될 수 있는데 그런 점은 고려하지 않고 마구 발표해도 된다고 생각하는 것일까?

하지 말아야 할 일

미세먼지와 관련해 중국과 중국인을 비하하고 저주하는 언행은 아무리 화가 난다고 해도 인류적 차원에서라도 그만두어야 한다. 만일 환경부와 국립환경과학원의 계산이 틀렸다면 애꿎은 상대에게 욕을 한 셈이 된다. 반대로 진짜로 우리나라 고농도 미세먼지 오염이 중국발 미세먼지 때문이라면, 먼 거리를 이동하며 확산되면서 농도가 훨씬 낮아진 것이 이 정도이니 중국에서는 상상도 못 할 만큼 최악의 농도였을 테다. 그랬다면 중국 안에서는 엄청난 인명피해가 발생했을 것이다.

중국이 미세먼지로 고통받고 수많은 인명피해를 보고 있다면, 설사 그것이 중국의 산업구조 탓이라고 하더라도, 우리의 소비가 그 원인과 결부되어 있다는 책임감을 떠나서라도, 우리가 일부 영향을 받았더라도 최소한 같은 인류로서 아파하고 위로하는 마음을 가질 수는 없을까?

국제기구나 학계에서는 환경오염물질의 국가 간 장거리 이동에 관한 공동연구와 협력을 권장한다. 이는 서로 미치는 영향을 파악해서 상대 국가에 책임을 추궁하고 보상을 요구하라는 것이 아니다. 상대국을 비난하는 근거로 사용하라는 것도 아니다.

그림13 미세먼지와의 전쟁을 선포한 중국 (출처: ecns)

유럽 각국에서 발생되는 미세먼지가 서로 미치는 영향을
아주 정교하게 연구한 결과가 발표됐지만[9] 국가 간에 소송이
나 분쟁이 있다는 소리는 들어보지 못했다. 환경 문제는 함
께 풀어나가야 한다는 인식과 합의가 국제사회의 대세이다.

우리나라의 중국에 대한 비난은 도를 넘고 있다. 환경부의
신뢰도 낮은 모델링 결과를 바탕으로 미세먼지에 대한 책임
을 전부 중국에 떠넘기고, 중국을 상대로 항의성 소송을 하
고, 그것을 지지하고 찬양한다. 이런 식의 비난과 저주, 소송,
그리고 중국발 미세먼지로 인한 피해를 책임지라는 논리로
는 중국을 환경외교의 장으로 끌어낼 수 없다. 지금 우리는
어쩌면 우리 발등을 찍는 짓을 하고 있는 것인지도 모른다.

환경외교의 올바른 방향

중국의 대기오염은 우리에게 미치는 영향이 문제가 아니라 자국민의 피해가 심각하다. 미세먼지로 인해 연간 100만 명 이상이 조기 사망하는 것으로 분석되고 있다. 외신 보도와 자료들을 보면, 중국도 지금 나름 최선을 다해 미세먼지 문제를 해결하고자 노력하고 있다.

지금은 깨끗한 대기질을 유지하고 있는 미국, 일본, 유럽도 과거에는 지금의 중국보다도 심한 대기오염을 겪었다. 우리도 마찬가지이다. 대기오염을 개선해온 우리의 경험과 노하우를 전달하는 방식으로 중국을 돕는 것이 오히려 바람직하다. 그래야 중국도 본의가 아니더라도 우리에게 피해를 준 부분이 분명 있으니 중국 내 오염물질 감축 사업에 우리를 참여시키는 등의 방식으로 간접 보상이라도 하려 할 것이다. 그러면 결과적으로 우리나라에 날아오는 미세먼지도 줄이면서 경제적 이익도 취할 수 있다.

이런 방식의 환경외교가 터무니없는 모델링 결과와 인터넷에 돌아다니는 근거 없는 자료를 근거로 비방하고 항의하며 소송을 제기하는 방식의 환경외교보다 훨씬 바람직하다.

동북아에서는 서풍만 부는 것도 아니고 동풍, 남풍, 북풍도 분다. 남풍이 불면 우리가 북한에, 북풍이 불면 북한이 우리에게 피해를 준다. 동풍이 불면 비록 양은 적다 하더라도 일본에서 발생한 오염물질이 우리에게, 우리는 중국에 영향을 줄 수 있다.

서풍의 영향이 절대적이어서 중국발 미세먼지가 우리 미세먼지 오염의 절대적 원인이라는 논리만 고집하면, 오직 일본만이 최종 수혜자가 될 것이다. 일본은 중국, 북한 그리고 우리로 인해 이중 삼중 피해를 입었다고 주장할 수 있기 때문이다. 또한 일본에 공기 중 방사능 물질을 비롯한 대기오염에 대해 몽땅 면죄부를 주게 된다.

미세먼지로 인한 조기 사망자 수치는 현재의 사망률에 일정 비율을 곱하는 방식으로 산출한다. 일본은 고령화 사회인 데다가 인구도 많아 사망자 숫자가 우리보다 약 3.5배나 많다. 따라서 피해를 보상해야 하는 상황이 되면 우리가 중국으로부터 받더라도 더 보태서 일본에 줘야 할 수도 있다.

이처럼 복잡한 문제를 국가 간 소송이나 분쟁으로 풀 수 있다고 생각한다면 참으로 순진하거나 무지한 처사이다. 아니면 민족감정을 자극하는 소영웅주의적 행동이라고밖에 볼 수 없다.

환경외교는 결코 쉬운 일이 아니다. 그러나 지구적으로 생각하고, 우리가 해야 할 일을 하며, 국가 간에 협력한다는 원칙을 지킨다면 환경외교의 난제를 슬기롭게 풀어갈 수 있을 것이다.

과학적 사실에 입각하되 불확실하거나 모르는 점은 확인해 나가야 한다. 그렇게 하지 않고 신념화하면, 마치 천동설이 진리인 줄 알고 1,500년이 넘는 세월을 흘려 보낸 중세 시대 같이 된다. 그러면 결코 미세먼지로부터 자유로워질 수 없다.

중국에서 온 미세먼지의 영향은 어느 정도인가

: 유럽의 국가 간 미세먼지 이동 연구 사례

대기오염물질은 대기 확산을 통해 먼 거리를 이동할 수 있기 때문에 이웃나라에도 영향을 줄 수 있다. 그러나 어느 정도로 영향을 주는지를 정량적으로 평가하는 것은 차원이 완전히 다른 문제이다. 특히 국가 간 영향 평가는 인접 국가 정보가 필수이므로 그런 자료 없이 일방적으로 평가한 결과는 좀처럼 신뢰받기 어렵다.

이웃나라 간 미세먼지의 영향을 제대로 평가한 사례로는 유럽의 예가 있다. 유럽은 많은 나라가 국경을 맞대고 있으므로 서로 주고받는 영향이 크다. 세계보건기구가 진행한 연구 결과를 보면 자료 부족 등 난관이 많았지만, 국가별 영향을 세밀하게 정확한 숫자로 제시해냈다.[10]

예컨대 프랑스의 미세먼지(PM2.5) 농도는 자국에서 발생한

1차 미세먼지와 공기 중에서 2차 반응으로 미세먼지를 생성하는 질소산화물 등의 전구물질에 의한 것이 45%이고, 나머지는 국외에서 발생한 오염물질의 영향을 받는 것으로 평가됐다. 프랑스에 가장 큰 영향을 주는 국가는 서쪽으로 긴 국경을 접하고 있는 독일(10%)이었으며, 도버 해협 건너에 있는 영국(6%), 남쪽의 이탈리아(6%), 동쪽의 스페인(5%), 북해 바다(5%) 그리고 그 밖의 국가나 바다도 조금씩 영향을 주는 것으로 조사됐다.

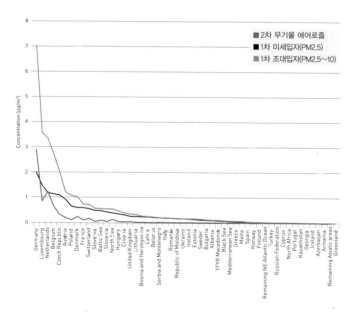

그림14 독일에서 발생한 미세먼지가 다른 유럽 국가에 미치는 영향. 거리가 멀수록 영향력은 급격히 낮아진다. (출처: WHO/Europe) [11]

유럽의 모든 나라가 인접국의 영향을 받지만 일부 국가를 제외하고는 대부분 자국 내에서 배출되는 오염물질이 가장 큰 원인인 것으로 조사됐다. 이웃나라의 영향이 더 큰 특수 사례도 있기는 하다. 아주 작은 도시국가인 룩셈부르크는 독일과 프랑스의 영향을 더 많이 받았고, 스위스와 오스트리아 등 알프스 지역 국가들도 이탈리아나 독일의 영향을 더 많이 받았다. 러시아의 내부 국가라 해도 과언이 아닐 정도로 국경을 마주하고 있는 카자흐스탄 등도 그러했다.

국경을 접하지 않고 떨어져 있는 국가들에도 영향을 미치지만 인접국에 비해 매우 낮은 수준으로 분석됐다. 그림14는 독일에서 발생한 미세먼지가 다른 국가에 미치는 영향이 거리에 따라 급격히 줄어듦을 보여준다. 미세먼지는 먼 거리를 이동하긴 하지만 멀어질수록 대기 중에 확산되면서 농도가 급격히 낮아지기 때문이다.

중국발 미세먼지의 영향은 얼마일까

이러한 유럽의 연구 사례 수준까지는 아니어도 최소한의 기준과 상식에는 부합한 결과여야 정책의 근거로 사용할 수 있다. 우리나라는 중국의 영향만이 아니라 북한과 일본, 러시아, 몽골 등의 영향을 받을 것이다. 반면 바람의 주 방향 아래쪽에 있는 일본, 바로 접경하고 있는 북한에는 상당한 영향을 줄 것이다. 또한 삼면이 바다여서 서해를 비롯한 바다에서 발생하는 해염$^{sea\ salt}$의 영향도 크게 받을 것이다.

그런데 우리 정부는 미세먼지 예보가 부정확하다는 비판에 중국 관련 정보가 없어 예측하기 힘들다는 핑계만 되풀이하곤 한다. 아마도 북한이나 일본, 러시아, 몽골 등 주변 국가의 정보는 더욱 없을 것이다. 정보가 없는데 영향력을 이야기하니 어떻게 믿을 수 있겠는가? 어쩌면 그래서 중국발 미세먼지의 영향이 30%에서 80%라는 식으로, 말해봤자 소용없는 엄청나게 넓은 범위의 값을 말하는 것일지도 모른다.

2017년 4월 6일 서울시가 발표한 미세먼지(PM2.5) 대책을 보면, 서울시 자체에서 발생하는 오염원의 영향은 22%에 불과하며 국내 다른 지자체의 영향이 23%, 중국 등 국외의 영향이 55%로 나타났다. 일본, 북한, 러시아, 몽골의 영향이 포함된 것인지는 불분명하지만, 사실상 중국의 영향이 55%라고 말한 것이나 다름없다.

서해안에 대규모 화력발전소 단지도 있으니 가까운 지자체의 영향이 서울시 자체에서 발생하는 오염물질의 영향보다 클 수는 있다. 그러나 중국은 바다를 사이에 두고 최소한 수백에서 1,000km 이상 떨어져 있는데 절반이 넘는 영향을 받았다고 주장하고 있으니 이에 대해서는 할 말이 없다.

중국발 미세먼지가 우리나라에 미치는 영향이 분명 있긴 하지만, 어느 정도인지는 아직 신뢰성 높은 연구나 조사가 제대로 되지 않았다. 따라서 '정확히 알 수 없다'가 현재로서는 가장 정확한 사실이다.

환경부 홍보전략의 성공과 그 악영향

중국발 미세먼지의 영향력이 절대적이라는 환경부 주장의 근거는 어설픈 모델링 결과이다. 그런 결과는 국제 학술지 등에서 검증받는 방법으로 신뢰성을 확보해야 할 텐데, 환경부는 언론을 통해 중국발 미세먼지 때문에 국내 미세먼지 오염도가 높아졌다고 매일같이 선전하는 데만 치중해왔다. 환경부 산하기관인 국립환경과학원 전문가들은 조악한 모델링 결과를 들고 언론에 나와 중국의 미세먼지가 우리나라를 덮치는 것을 마치 눈으로 본 사람처럼 단정적으로 떠들어왔다.

이런 보도를 반복적으로 접한 대다수 국민은 고농도 미세먼지 현상이 중국에서 날아온 오염물질 때문이라고 믿을 수밖에 없다. 고농도 미세먼지가 발생하는 날이면 으레 '중국발 미세먼지 공습'이라는 식의 표현이 언론에 등장한다. 덕분에 우리나라 내부 오염원의 책임도, 그것을 규제·관리하지 못하는 환경부의 무능도 가려지게 되었다. 환경부의 책임 회피 홍보전략이 성공한 것이다.

환경부가 고농도 미세먼지 오염에 대한 책임을 중국에 돌리고 그것이 확고한 사실로 굳어지면서 우리나라 기업이나 지자체 사이에서 미세먼지 발생량을 줄이려는 노력을 할 필요가 없다는 식의 주장이 만연해졌다. 시민들도 미세먼지 발생을 줄이기 위한 실천이나 오염 발생원에 대한 규제를 불필요한 것으로 받아들이고, '다른 대책 다 필요 없고 중국에 대한 대책을 세우라'고 요구하기 시작했다.

난데없는 환경부의 미세먼지 고등어 소동에 이어 미세먼지 오염이 심한 날 차량 2부제를 추진하겠다고 밝힌 대책은 한편의 우울한 코미디 같다. 미세먼지 오염도가 심한 날 중국의 영향이 80%라면 국내 요인은 20% 이하이고, 그중 자동차로 인한 영향이 3분의 1 정도라고 보면 2부제가 아니라 모든 자동차를 운행 중단시켜도 기껏 전체의 7% 남짓한 대책에 불과하다. 그나마도 일부 자동차 대상이라고 하니 하나마나 한 대책이다. 아무런 효과가 없다는 논리를 펼쳐놓고는 그것을 바로 뒤집는 대책을 진지한 척 만들어 발표하고 있으니 앞뒤가 맞지 않아도 한참 맞지 않는다.

그런데 만일 우리나라의 고농도 미세먼지 오염에서 중국

의 영향이 80%에 달한다는 환경부 주장이 사실이 아니고 국민을 속인 것이라면, 즉 중국의 영향을 상당량 받기는 해도 고농도 미세먼지 오염 현상이 중국발 미세먼지 공습 때문이 아니라면 이야기는 달라진다. 국내 미세먼지 오염을 개선할 여지가 충분히 있다는 뜻이 된다.

고농도 미세먼지 오염 현상의 원인

2017년 4월 4일 자《세계일보》에 실린 국립환경과학원 박진원 원장의 인터뷰는 대기오염에 대한 환경부의 학술적 이해 수준이 어느 정도인지 적나라하게 보여준다. 국립환경과학원은 미세먼지의 측정에서 배출량 산출, 배출원 분석, 예보에 이르기까지 미세먼지에 관한 각종 국가통계를 만드는 곳이다.

> "미세먼지가 심한 날 중국 영향이 80% 정도를 차지한다. 국내 배출량은 매일 비슷할 텐데 유독 미세먼지가 심해지는 날이 있는 걸 보면 중국발 미세먼지 같은 외부요인이 분명히 있는 것이다." - 국립환경과학원 박진원 원장

이 말이 사실이려면 우리에게 미세먼지를 듬뿍 보내서 고

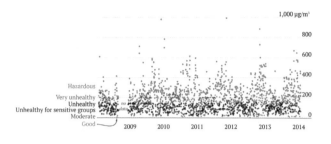

농도 미세먼지 오염에 80%의 책임이 있는 중국은 매일 미세
먼지 오염도가 극심해야 할 것이다.

그림15는 미국 대사관이 베이징에서 측정한 미세먼지 오
염도 자료이다. 베이징의 미세먼지(PM2.5) 오염도는 매우 높
고, $500\mu g/m^3$을 넘는 경우도 상당히 있음을 알 수 있다. 반면
$50\mu g/m^3$보다 낮아 '좋음'인 날도 제법 있다. 이처럼 매일매일
의 대기오염 수준이 크게 달라지는 것은 베이징만이 아니라
중국 내 미세먼지 오염이 심한 도시, 아니 전 세계 모든 도시
에서 나타나는 지극히 일반적이고 자연적인 현상이다.

중국 베이징으로 안식년을 보내러 간 지인 부부는 떠나기
전부터 베이징의 미세먼지 오염을 몹시 우려했다. 심지어 상
하이에 집을 두고 강의 날에만 베이징대에 다녀오려고 계획
을 세웠을 정도였다. 그런데 베이징으로 이사하고 나서 어느
날 하늘이 무척 맑아 놀랐는지 사진을 찍어 보냈다. 베이징

처럼 미세먼지 오염이 극심한 도시도 며칠 사이에도 오염도가 높아졌다 낮아졌다 한다. 그렇다면 오염물질의 발생량이나 외부에서 유입되는 양이 동일하더라도 그와 상관없이 오염도는 높아지고 낮아지며, 그 원인은 다른 데 있다는 의미이다.

대기오염이 엄청난 인명피해를 불러올 수 있음을 알려준 런던 스모그 사건의 경우 1952년 12월 5일부터 8일까지 4일간의 극심한 오염으로 수천여 명이 사망했다. 당시 런던은 워낙 오염도가 심해서 평소에도 먼지가 $120 \sim 440 \mu g/m^3$ 수준이었는데 문제의 기간 중 5일에는 $2,460 \mu g/m^3$, 7일과 8일에는 무려 $4,446 \mu g/m^3$으로 평소보다 10배 이상 높아졌다.

다른 국가나 도시에서 발생한 대표적인 대기오염 인명피해 사건들도 특정일에 갑자기 대기오염이 심해져서 발생하곤 했다. 그날들의 공통점은 무엇일까? 바로 대기가 정체되었다는 점이다. 대기가 정체되었을 때 대기오염이 평소보다 몇 배씩 높아지기 때문이다.

대기오염과 기상

지표면에서 대기오염물질이 발생하면 대기 중으로 확산되는

데 수평 방향과 수직 방향으로 퍼져나간다. 수평 방향으로의 확산은 풍속의 영향을 받는다. 바람이 세게 불면 오염물질은 멀리 날아가지만 대신 많이 희석된다. 바람이 매우 약하거나 불지 않는 무풍 상태에서는 외부에서 대기오염물질은 날아오지 않지만 그 지역에서 발생한 대기오염물질로 대기질이 급속도로 악화된다.

대기오염물질 확산에 더 큰 영향을 미치는 수직 방향으로의 확산은 대기의 움직임이 활발한가 아닌가 하는 대기안정도의 영향을 크게 받는다. 지표면이 따뜻해지면 공기도 따뜻해져서 상승력이 생기고 대기가 잘 섞이게 되므로 대기오염물질 확산이 원활하게 이뤄진다. 반면 지표면이 차갑고 지표면 부근 공기가 차가워지면 대기안정도가 높아져서 오염물질은 지표면에 머물게 된다.

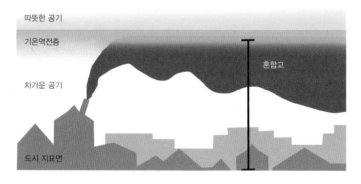

그림16 대기오염물질의 수직·수평 확산 (출처: Waikato Regional Council)

또한 낮에 따뜻했다가 밤에 급히 땅이 차가워지면 하부 공기가 차갑고 오히려 상층부의 기온이 높은 기온역전층이 생성되기도 한다. 그럴 때는 오염물질이 그 아래에 갇히는 현상이 발생해 오염도가 급증한다. 기온역전층이 낮은 높이에 생성돼서 혼합고가 낮고, 풍속까지 낮아지면 오염물질이 수평·수직 방향으로 확산되지 못하기 때문에 오염도는 아주 빠른 시간에 급증하게 된다.

믿기지 않으면 야외에서 즐기던 바비큐를 실내에서 해보면 된다. 연기가 확산되지 않기 때문에 5분을 견디기가 쉽지 않을 것이다. 더구나 창문까지 닫고 있으면 1분도 견디기 어려울 것이다. 대기오염에서 기온역전층에 무풍이라는 기상 조건은 창문 닫고 바비큐를 하는 상황과 유사하다.

오염물질 발생량이 뚜렷하게 높은 공장 같은 오염원이 있는 지역은 풍향에 따라 오염도가 변화한다. 비가 오면 대기오염물질은 씻겨 내려가고, 햇빛이 강하면 대기오염물질 간의 화학반응이 촉진되기 때문에 오존과 같은 광화학오염물질의 양이 증가한다. 높은 기온도 화학반응을 촉진한다. 이처럼 기상 조건은 대기오염도에 가장 큰 영향을 주는 요소여서 대기오염을 다룰 때는 기상학에 대한 이해가 필수이다.

대기오염 모델링의 허구

이와 같은 기상의 영향을 이해한다면, 오염도가 높아지는 대기 정체라는 기상 조건하에서는 풍속이 매우 낮기 때문에 외부에서 날아오는 오염물질의 양이 없거나 확연히 줄어든다는 사실을 쉽게 이해할 수 있다. 따라서 그런 경우에는 국내 발생 미세먼지가 축적되어 오염도를 높이기 때문에 평소 중국발 미세먼지의 영향이 상당히 높다고 하더라도 고농도 오염 시에는 그 영향이 훨씬 적어진다는 것이 논리적으로 맞는 설명이다.

그런데 환경부와 국립환경과학원은 중국발 미세먼지의 기여도가 평상시 30~50%이던 것이 고농도 오염 시에는 80%로 높아진다는 모델링을 하고, 그것을 마치 사실처럼 국민들에게 선전하고 있다. 확산 모델같이 가상의 상황을 예측하는 수리 모델은 입력 자료를 바꿔서 실제 자연현상과는 동떨어진 결과도 얼마든지 만들어낼 수 있다. 중국발 미세먼지의 영향력이 압도적이라고 가정하고 각종 변수를 그에 맞게 입력하면 그 가정대로 구현되는 것이다. 모델링 결과는 사실이 아니고 단지 운영하는 사람의 가정에 맞춘 결과를 보여주는 것에 불과하다.

환경부와 국립환경과학원은 자신들의 책임을 회피하려는

목적이 있으니 그렇다 쳐도 대한민국의 수많은 전문가와 환경단체 관계자들까지 고농도 오염 시 중국의 영향이 더 높다는 주장을 그대로 받아들이고 있다. 일반인은 황사와 혼동하기 때문에 그렇다고 할 수 있지만, 과학 공부를 조금이라도 했다면 의심을 품을 만한데도 맹목적으로 믿고 있다. 이것이 사실이라면 지구상에서 찾아볼 수 없는 독특한 자연현상으로, 환경부 주장을 학술적으로 입증하기만 하면 아마도《네이처》같은 최고 수준의 학술지에도 실릴 수 있을 것이다.

몇 년 전 설악산 오색 케이블카를 경제성이 있는 사업으로 만들기 위해서 환경부는 산하기관인 한국환경정책평가연구원KEI을 통해 탑승객 수요를 최대한 부풀리는 짓을 했다. 경제성이 없는 것을 억지로 있게 만들려다 보니 오색 케이블카 탑승객 수가 오색 지역 방문자 수보다 많아지는 황당무계한 모델링 결과까지 만들어냈다.

환경부와 국립환경과학원의 미세먼지 모델도 사실을 규명하려는 목적이 아니라 중국발 영향이 절대적이라는 자신들의 가정을 사실처럼 보이게 하려는 조작극은 아닌지 의심스러울 정도이다. 감사원이 되었든 국회를 통해서든 이에 대한 전면적이고 전문적인 감사가 반드시 필요하다.

미세먼지 오염 개선의 유일한 방법

대기오염의 단기적 변화는 기상의 영향을 크게 받는다. 그래서 대기 순환이 매우 어려운 특수한 기상 상황이 발생하면 지형에 따라 대기오염도는 평상시보다 5배 또는 10배까지도 쉽게 높아진다. 평상시 농도가 $50\mu g/m^3$이었다면 $250\mu g/m^3$ 또는 $500\mu g/m^3$까지도 높아질 수 있는 것이다. 오염물질 발생을 줄여서 평상시 농도를 $30\mu g/m^3$으로 줄인다면 그것만으로도 국민들의 건강 피해를 크게 줄일 수 있지만, 설사 고농도 오염 상황이 발생해도 $150\mu g/m^3$ 또는 최고 $300\mu g/m^3$으로 줄일 수 있어 피해를 크게 감소시킬 수 있다. 평상시 대책이 곧 고농도 대책이 되는 것이다.

1952년 12월 런던 스모그 사건에서도 불과 4일 동안 대기가 정체되면서 오염도가 극도로 높아져 수천 명이 사망했다. 이때의 대기오염은 닷새째 되는 날 남서풍이 불어와 스모그를 밀어내면서 끝났다. 영국은 곧바로 「대기오염청정법」을 제정하고 오염물질 발생을 빠르게 줄여 나가면서 오염 도시의 오명에서 벗어났다.

기상이 나빠졌을 때 대기오염이 심해지면 가정에서 창문을 열듯이 대기를 환기시킬 방법은 없다. 어디로도 피할 수 없다는 점이 대기오염의 무서움이다. 그저 기상 상황이 바뀌기를 기다리는 수밖에 없다.

　대기오염으로 인한 피해를 줄이기 위해서는 이런 상황이 벌어지기 전에 평소의 오염도를 낮추는 것이 유일한 방법이다. 호우 피해를 막기 위해서는 비가 오기 전에 미리 제방을 튼튼히 쌓아야 한다. 폭우가 오기 시작했을 때는 이미 늦다. 미세먼지가 무서우면 우리나라 미세먼지 발생량을 줄이는 것만이 문제를 해결하는 방법이다. 실내에 머물고 마스크를 쓴다고 해결할 수 있는 문제가 아니다.

여름철 미세먼지는
중국발이 아니어서 괜찮은가

특이하게도 우리나라에서는 봄과 겨울에만 미세먼지에 대한 관심이 엄청나게 높아진다. 물론 봄과 겨울이 여름과 가을보다 미세먼지 오염도가 상대적으로 높은 것이 주된 이유겠지만 그것만이 전부는 아닌 듯하다. 환경부나 언론에서 우리나라의 고농도 미세먼지 오염이 중국발 미세먼지 탓이며, 따라서 미세먼지는 서풍 계열의 바람이 발달하는 봄과 겨울만의 문제인 듯 선전하고 있기 때문이다.

그런데 중국발 미세먼지의 영향이 없다는 여름에는 미세먼지를 걱정하지 않아도 되는 수준일까? 여름의 미세먼지 농도 역시 문제가 있는데, 환경부나 언론은 이에 대해 모르는 것일까, 아니면 알고도 침묵하는 것일까? 일부 환경부 관리들은 여름은 걱정 없다는 발언을 하고, 언론은 그 말을 그대로 기사로 내보내기도 한다.

그러다 보니 대부분 국민도 여름에는 미세먼지를 전혀 염려하지 않아도 되는 줄 안다. 그리고 '미세먼지는 오직 중국 탓'이라는 고정관념은 점점 강해진다. 그러나 여름철 미세먼지 농도가 낮지 않다면, 중국발이 아니라고 해서 국민 건강에 영향이 없을 리가 없다. 여름철 미세먼지가 어떤 수준인지 확인하고 평가해봐야 한다.

선진국 수준으로 강화된 미세먼지 기준

우리나라 미세먼지(PM2.5) 환경기준은 지난해 연평균 $15\mu g/m^3$으로 강화됐다. 이 농도는 세계보건기구의 가이드라인 $10\mu g/m^3$보다는 높지만, 잠정 목표 중에서는 가장 낮은 농도로 현재 유럽, 일본 등의 환경기준과 같다.

우리나라는 현재 세계보건기구의 2단계 목표인 $25\mu g/m^3$을 달성한 수준에 머물고 있기 때문에 새로 강화된 환경기준을 충족하려면 현재 배출량에서 최소 40%는 줄여야 한다. 문재인 대통령은 임기 내 미세먼지 발생량을 30% 감축하겠다고 공약했다. 이 공약을 달성하면 환경기준 $15\mu g/m^3$은 달성하지 못하더라도 그에 상당히 근접한 수준까지 개선될 것으로 예상된다.

봄과 겨울에 높고 여름과 가을에 낮은 PM2.5

그림17은 2015년부터 공식 측정을 시작한 PM2.5 오염도의 서울 등 5대 도시 3년간 계절 평균을 나타낸 것이다. 대기오염은 워낙 기상 영향을 많이 받기 때문에 변동성이 매우 크다. 따라서 연도나 계절에 따른 변화도 상당 기간 평균적으로 관찰해야 의미 있는 차이를 파악할 수 있다. 그림을 보면 모든 도시에서 봄과 겨울에 미세먼지 농도가 높고 여름과 가을에는 낮음을 알 수 있다. 여름에 오염도가 낮고 겨울에 오염도가 높아지는 현상은 우리나라만이 아니라 동서고금 어

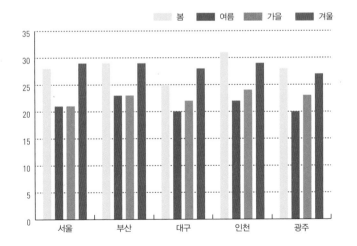

그림17 5대 도시 계절별 PM2.5 농도 (분석 및 그림: 장재연, 측정자료 출처: 《대기환경연보 2017》, 2018년)

디서나 볼 수 있는 공통된 현상이다.

여름에는 기온이 높기 때문에 상승기류가 발달해서 공기 확산이 잘되고 강수량도 많아서 오염도가 낮아지기 마련이다. 겨울에는 난방 연료 사용량이 늘어나는 영향도 있고, 공기 순환도 여름에 비해 원활하지 않아서 으레 오염도가 높아진다. 우리나라는 봄에는 황사 등 자연발생 오염물질의 영향을 많이 받고, 초봄에는 겨울과 마찬가지로 공기 순환을 방해하는 기온역전 등의 현상도 자주 발생하므로 오염도가 높아질 요인이 많다. 가을은 천고마비라는 말도 있듯이 공기 순환이 원활하고, 가끔 태풍도 오기 때문에 오염도가 낮아지는 경향이 있다. 우리나라 미세먼지 농도의 계절별 차이에는 이런 요인들의 영향이 잘 반영되어 있다.

여름과 가을의 미세먼지도 환경기준을 초과

그런데 사람들이 짐작하는 것과 달리 우리나라는 여름과 가을의 미세먼지 농도 역시 상당히 높은 편이다. 5대 도시 모두에서 여름과 가을의 PM2.5 농도가 연평균 기준값인 $15\mu g/m^3$을 훨씬 초과하고 있다. 결국 우리나라의 미세먼지 오염은 특정 계절만의 문제가 아니라 연중 계속해서 높은 수준이므로 개선 역시 모든 계절에 걸쳐 이뤄져야 한다. 고농도일 때의 단기 대책 같은 방식으로 해결할 수 있는 문제가 아니고, 평상시의 근본적 변화를 만들어야 한다.

또한 봄·겨울 그리고 여름·가을의 오염도 차이도 사람들의 인식과는 달리 실제로는 그다지 크지 않다. 봄·겨울이 여름·가을에 비해 서울은 평균 $7\sim8\mu g/m^3$, 부산과 대구, 광주는 약 $6\mu g/m^3$, 인천은 약 $7\mu g/m^3$ 높은 정도이다. 이 차이는 계절에 따른 차이와 국외 영향이 합쳐진 것이라는 사실을 감안하면, 실제 국외 영향은 별로 크지 않다는 점을 시사한다.

중국발 미세먼지의 영향이 엄청 크다는 주장을 그대로 믿어주더라도 중국의 영향이 없다고 믿는 여름과 가을 역시 미세먼지 오염도가 환경기준보다 훨씬 높은 것은 우리 내부의 자체적인 발생량을 줄이지 않으면 미세먼지 오염 개선은 불가능하다는 사실을 잘 보여준다.

연중 미세먼지 오염을 줄여야만 건강 보호 가능

미세먼지(PM2.5) 공식 측정이 시작되고 몇 해가 지나면서 측정 자료가 축적되었기 때문에 이런 계절별 차이도 분석이 가능해졌다. 그 결과는 일부 주장처럼 겨울과 봄의 중국발 미세먼지가 문제 해결의 핵심이 아니며, 국민 건강 보호를 위해서는 연중 국내 미세먼지 배출량을 줄여야 한다는 사실을 명백하게 보여준다.

미세먼지로 인한 건강 영향은 단기적 영향도 있지만 실질적으로는 연평균 값에 따라 결정된다. 앞서 살펴봤듯이 세계보건기구의 가이드라인도 단기 기준을 제시하긴 하지만, 연평균 기준을 달성했을 때의 상황에서 도출한 값이어서 결국은 장기간 노출을 줄이는 데 중점을 둔 기준이라 할 수 있다.

문재인 정부가 공약대로 미세먼지 감축을 열심히 하고 있을 것으로 믿지만, 국민들에게 보여지는 것은 봄철의 노후 석탄화력발전소 가동 중단 등 상대적으로 오염도가 높은 계절에 대한 대책이나 고농도 오염일에 대한 대책뿐이다. 그러나 짧은 특정 기간의 미세먼지 배출량을 줄이는 것만으로는 공약과 환경기준을 도저히 달성할 수 없다. 발전, 산업, 교통, 가정 등 모든 분야에서 미세먼지 발생량을 근본적으로 줄여야만 가능하다. 그러기 위해서는 국민과 산업체 모두의 적극적 협조가 필수이다. 그러려면 무엇보다 미세먼지의 원인에 대한 인식의 전환이 선행되어야 한다.

먼저 연료 사용 및 소각과 관련한 크고 작은 미세먼지 배출원 모두에 대해 강력한 저감 대책을 실시해야 한다. 또 에너지 절약, 재활용 확대, 청정에너지 확대, 대중교통 우선 정책 등 우리 사회를 저에너지 고효율 사회로 바꾸기 위한 노력을 계속해야만 미세먼지 오염 수준을 개선해 국민의 우려를 해소할 수 있다.

언제까지 중국 탓만
할 것인가

'미세먼지=중국'

국민들 머릿속에 뿌리 깊게 박혀 있는 수식이다. 이런 수식을 만들고 유포한 것은 한국 정부이다. 환경부와 국립환경과학원은 '우리나라 미세먼지 대부분은 중국산'이란 입장을 초지일관 유지해왔다. 고농도 미세먼지 오염이 발생하면 중국발 미세먼지 기여율이 80% 이상 높아진다고 주장하기까지 한다.

언론도 마찬가지이다. '중국발 미세먼지 공습'이란 제목을 붙여 정부 주장을 극적으로 표현해 보도한다. 학계나 사회단체도 예외는 아니다. 이렇게 정부와 언론, 학계, 사회단체가 입을 맞춰 말하니 지난 6년 동안 '미세먼지=중국'이란 수식은 기정사실로 굳어졌다. 국내 미세먼지를 줄이자는 글에는

"중국 간첩", "중국 돈 먹었다", "매국노" 같은 악플이 서슴없이 달리기도 한다.

중국발 미세먼지가 한반도에 영향을 주는 것은 분명한 사실이다. 유럽의 산성비 문제나 최근의 온실가스나 오존층 관련 국제협약의 경험 등을 통해 대기오염물질이 이웃나라, 나아가 지구 환경에 영향을 준다는 사실은 상식이 됐다.

중국 학자들도 자국의 미세먼지가 한국과 일본, 멀리는 미국까지 영향을 미친다는 논문을 세계 유수의 학술지에 게재하기도 했다.[13] 물론 미세먼지의 영향만을 다룬 논문은 아니지만, 중국발 미세먼지가 우리나라에 영향을 미친다는 사실은 인정한 셈이다.

하지만 '영향을 미친다'는 말과 '절대적인 영향'은 전혀 다르다.

쓰레기를 집어넣으면 쓰레기가 나온다(Garbage In, Garbage Out)

중국에서 만들어진 미세먼지가 수백 수천 km 떨어진 우리나라까지 날아와 '절대적인 영향'을 끼친다는 주장은 조금만 깊이 생각해보면 과학적으로는 설득력이 부족하다.

예를 들어보자. 화산이 폭발하면 가까운 곳에서는 어마어마한 양의 화산재 때문에 숨도 쉴 수 없을 정도이지만, 멀리 떨어진 곳은 그렇지 않다. 도로 바로 옆은 매연이 심하지만 멀리 떨어질수록 덜하다. 공기 중 오염물질은 오염의 발생지점으로부터 멀어질수록 희석되기 때문이다. 이것은 굳이 미적분 방정식을 동원해 계산하지 않아도 누구나 아는 자연현상이고 자연법칙이다.

'미세먼지=중국'이란 수식은 이런 자연법칙에 어긋나는 주장이다. 중국발 미세먼지의 영향이 절대적이라는 주장의 근원지는 국립환경과학원인데, 고농도 오염이 발생할 때는 중국의 영향이 80%에 달한다는 내용의 보도자료를 배포하며 이를 줄기차게 주장해왔다. 대기질 예측 모델링에 따르면, 멀리 날아갈수록 확산되어야 하는 미세먼지가 수백 km에 달하는 서해를 넘어와 오히려 똘똘 뭉쳐서 국내에서 발생한 미세먼지보다 무려 4배까지 많아질 수 있다는 것이다.

논란이 많은 주제일수록 국제 학술지 게재 등의 방법을 통해 최소한의 신뢰성을 갖춰야 한다. 하지만 국립환경과학원은 긴 세월 동안 국민 세금을 들여 막대한 연구개발비를 사용하고도 현재까지 중국발 미세먼지가 한국에 미치는 영향을 정량적으로 확인한 연구를 최근까지도 국제 학술지에 게재한 적이 없다. 심지어 미세먼지 예측 모델에 사용한 중국이나 북한 등 국외의 오염물질 배출량 세부 자료도 공개하지 않고 자신들의 중국발 미세먼지 영향 모델 결과 수치만 일방적으로 발표해왔다. 자신들의 모델링 결과에 자신이 있다면, 국제 학술지에 게재하거나 하다못해 모델에 입력한 구체적 자료를 공개하는 등의 신뢰할 수 있는 조치를 취해야지, 무조건 믿으라고 하면 억지를 부리는 것에 불과하다.

2019년 3월 9일 《조선일보》 보도에 의하면 국립환경과학원은 그동안 국제학술지에 게재하지 않은 이유를 "학계에서 (너무 당연해) 굳이 하지 않은 것"이라는 해괴망측한 주장을 했다고 한다.

앞에서도 살펴봤듯이 모델 추계라는 것이 워낙 불확실성이 크고 오차도 큰 데다 연구자가 임의로 입력 변수를 취사선택하거나 변형하면 어떤 결과든 의도한 대로 만들어낼 수 있기 때문에 모델에 입력하는 자료의 신뢰성이 매우 중요하다. 모델링 하는 사람들이 철칙으로 삼는 말이 있다. "쓰레기를 집어넣으면 쓰레기가 나온다(Garbage in, garbage out)."

중국발 미세먼지 기여율 모델링에서도 가장 중요한 핵심 자료는 중국과 우리나라의 미세먼지 배출량과 세부 기상 자료이다. 최근 언론 보도를 통해 드러난 사실이 있다.[14] 우리 정부가 '미세먼지=중국' 탓을 하는 모델링에 사용하는 중국의 미세먼지 배출량 자료는 알고 보니 2010년 자료였다. 무려 10년 전 자료를 가지고 현재의 중국발 미세먼지 영향을 모델링하고 있는 것이다.

2017년 문재인 대통령의 긴급 지시로 노후 석탄화력발전소 가동을 중단한 결과 주변의 미세먼지 실측 오염도가 15%나 줄었다. 그러나 환경부는 국립환경과학원의 모델링 결과를 인용해 불과 1%만 줄었다고 발표함으로써 석탄화력발전소 가동 중단에 따른 미세먼지 오염도 개선 효과 대부분을 부정했다. 이 역시 부실한 미세먼지 모델링 때문이었을 가능성이 높다.

《한겨레신문》오철우 기자는 국립환경과학원 모델링 결과의 신빙성에 의문을 표하며, 관변 학자가 아닌 다른 학자의 연구 결과를 보도했다. 이 연구결과는 국립환경과학원의 모델링 결과와는 달리 국제 학술지에 공식 게재됐다.

중국 미세먼지는 우리 대기질에 얼마나 영향을 줄까? 환경과학원과 환경부는 그동안 중국의 영향(농도 기여도)이 '평상시 30~50%, 고농도 시 60~80%'에 이른다고 제시해왔지만 수치의 신뢰도를 두고선 논란이 계속됐다. 환경과학원의 분석에서도 시기마다 영향의 크기가 달라지기도 했다. 가장 최근인 지난달 11~15일 고농도 초미세먼지의 발생 원인을 분석한 결과에선 국내 요인이 24.6%, 중국 등 국외 요인이 69~82%로 평가됐다. 반면에 지난해 11월 3~6일 고농도 때엔 국내 영향이 55~82%로

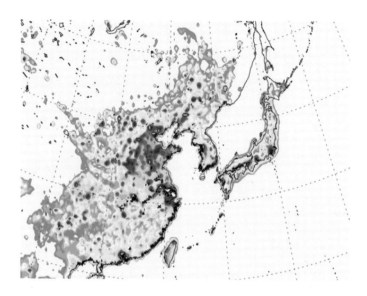

그림18 미세먼지 이동을 분석하는 대기화학수송 모델의 그림 (출처: 국립환경과학원, 《한겨레신문》)

평가됐다.

이런 수치는 어떤 과정을 거쳐 나온 걸까? 현재 미세먼지 예보
와 농도 기여도를 평가하는 환경과학원의 모델로는 슈퍼컴퓨터
로 계산되는 '대기화학수송 모델'이 쓰인다. 분석 과정은 대략
이렇다. 동북아 지역의 기상과 대기 상태를 고려해 미세먼지 배
출 자료를 먼저 산출해내고, 다시 이 자료를 대기모델에 넣어 계
산하면, 어느 곳의 배출원이 미세먼지 농도에 얼마나 기여했는지
를 추산할 수 있다.

하지만 현재로선 약점이 있다. 이 모델에선 배출량 정보가 제대

로 파악될수록 좋은 결과를 얻는데, 현재 쓰는 중국 배출량은 2010년 자료에 기반을 둔 것이기 때문이다. 국립환경과학원의 장임석 대기질예보센터장은 "2013년 이후 5년 동안 중국이 미세먼지 배출을 30~40% 줄였다지만 최신 자료가 공개되지 않아 쓰지 못하고 있다"며 "그렇더라도 지금 모델은 우리가 할 수 있는 최선"이라고 말했다. 그는 "국외 영향의 비중을 일반화하기는 어렵다"며 "동북아의 대기 흐름이 느려지고 기후변화도 있어 국외 비중이 줄어들 것이라는 예측도 있다"고 덧붙였다.

다른 분석모델에서는 국외 영향이 훨씬 낮게 평가됐다. 김동술 경희대 교수(환경공학) 연구진은 초미세먼지의 장기 측정 자료를 바탕으로 14종류의 배출원들을 가려내어 그 결과를 국제 학술지《대기오염 연구》에 최근 발표했다. 측정된 성분 비율을 표지자로 삼아 배출원을 추적해가는 '수용모델' 방식이다. 분석엔 2013~2014년 서울시내 관측소에서 시간별로 기록된 1만 3,000개의 빅데이터가 쓰였고 기상과 대기를 함께 다뤄 세분화했다.

이 연구 결과에선 중국 등 국외 영향이 대기모델보다 상당히 낮은 26.9%로 계산됐으며, 흔히 알려진 것과 달리 국외 영향의 비중은 겨울보다는 여름에 더 큰 것으로 나타났다. 그동안 국외에서 온 것으로 추정되었던 질산염 2차 초미세먼지의 일부가 국내에서 생성된 것으로 새롭게 파악됐다(농도 기여도 6.2%). 김 교수

중국 배출량은 아주 오래전 자료를 사용하고 있다. 그렇다
면 우리나라 배출량 자료라도 정확할까? 안타깝게도 그렇지
않다. 국립환경과학원이 최근 공개한 '2015년 국가 대기오
염물질 배출량' 통계에 따르면 2015년 국내 미세먼지(PM10)
총 배출량은 23만 3,177t으로, 1년 전인 2014년 배출량인 9만
7,918t보다 무려 2.3배 높은 것으로 나타났다. PM2.5도 마
찬가지이다. 2015년 총 배출량이 9만 8,806t으로 2014년 6만
3,286t의 1.6배였다. 1년 사이에 이렇게 배출량이 급증한 것
일까?

PM10(미세먼지)에 지금까지 집계에 포함되지 않은 공사장
등에서의 날림 먼지(비산 먼지)와 생물 연소에서 배출되는 먼
지 등이 새롭게 추가됐기 때문이다. 고기나 생선을 구울 때
배출되는 PM2.5(조미세먼지)노 이때까지 통계에서 빠져 있었
다. 그동안 국립환경과학원이 국내에서 발생하는 오염물질
배출량을 심각하게 과소평가해왔음을 알 수 있다.

중국 배출량은 지금보다 훨씬 높게 나타난 지난 2010년
자료를 사용하고, 우리나라 배출량은 절반으로 축소된 지난

2014년 자료를 입력해서 현재의 상황을 모델링하고 있으니, 모델링 결과의 수치를 액면 그대로 믿기는 어렵다.

국립환경과학원은 자신들의 연구 결과를 국제 학술지에조차 게재하지 못하는 약점을 감추기 위해 나사[NASA]와의 공동연구를 전가의 보도처럼 휘둘러왔다. 한미 대기질 공동연구에서 중국발 미세먼지의 영향을 확인했다는 것이다. 하지만 공동조사 이후 발표한 중간보고서인 「KORUS-AQ 예비종합보고서」를 보면, 이 연구는 우리나라 미세먼지 문제의 원인과 그 해결방안을 종합적으로 제시한 연구임을 알 수 있다. 주요 연구결과는 다음과 같다.

1. 2차 미세먼지 생성에는 지역 내 오염원이 지배적인 기여를 한다. 따라서 우리나라의 휘발성 유기화합물(VOCs), 질소산화물, 아황산가스, 암모니아 배출량을 줄이면 PM2.5 감축에 도움이 된다.

2. 휘발성 유기화합물과 질소산화물은 오존 생성에 중요한 역할을 하므로, 그 배출량을 감축하면 PM2.5를 줄일 수 있다.

3. 현재 국립환경과학원의 오염물질 배출량 통계는 과소평가된 것이다.

4. 충남 지역의 화력발전소 등 대규모 오염원의 영향은 수도권 남쪽 지역에서 가장 강하게 나타났다.

5. 서울이 주변 지역, 아시아 대륙(중국) 또는 북반구로부터 유입
되는 오염물질의 영향을 얼마나 받는지는 기상 조건에 따라 매
우 급격하게 바뀔 수 있어 예측이 매우 어렵다.

「KORUS-AQ 예비종합보고서」는 국내 오염물질 관리와
감축의 필요성을 확인하고 그에 따른 실행을 제안한 연구이
며, 모델링의 한계를 명확하게 지적하고 있다. 그런데 이런
연구 결과가 환경부의 설명회와 보도자료를 통해 느닷없이
모델링으로 중국발 미세먼지 기여도를 산출한 공동연구처럼
왜곡 보도됐다.[15] 비상식적이며 비과학적인 일이 정부기관을
통해 이루어진 셈이다. 그 권위와 결과를 맹목적으로 믿은
언론은 비판 없이 받아쓰기만 했다. 그 결과 무능한 환경부
의 정책 결정자들에게 빠져나갈 구실을 마련해줬다.

이렇게 불확실성이 높은 모델링 결과를 국가 정책의 근간
으로 삼아서는 혼란만 가중할 뿐이다. 이제라도 정부는 지난
6년간 일어났던 미세먼지 정책의 혼란을 반면교사로 삼아야
한다. 중국발 미세먼지 기여율 모델링은 어디까지나 정책의
보조 수단이어야 한다. 허술한 모델링 결과에 기반을 두고
정책을 세우는 것은 모래 위에 성을 쌓는 것이나 다름없다.

일각에서는 우리 정부가 중국에 할 말을 하지 못한다며 중
국이 미세먼지를 줄이도록 적극적으로 항의하라고 주장한

다. 중국은 2013년 이후 5년의 짧은 기간에 미세먼지 농도를 약 40%나 줄였다. 우리나라가 항의해서가 아니라 자국민을 위해서이다. 중국은 미세먼지로 인해 연간 100만 명 이상이 조기 사망하는 것으로 분석됐기에 필사적으로 미세먼지를 감축했다.

국립환경과학원의 말대로 중국발 미세먼지가 우리나라에 미치는 영향이 그토록 크다면 같은 기간 우리나라의 미세먼지 오염도도 조금이라도 줄어야 했을 것이다. 현실은 어떤가? 같은 기간 우리나라의 미세먼지 오염도는 비슷하거나 오히려 늘었다. 그러자 그동안 중국발 미세먼지 절대론을 주장했던 사람들은 풍속이 변했다는 등 별별 새로운 논리를 개발

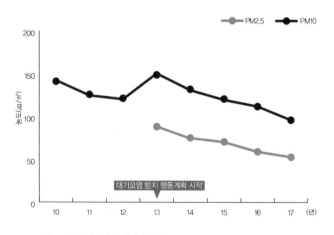

그림19 중국 산둥성 미세먼지 연평균 농도 변화 (출처: 산둥성 환경보호청, 환경부)

하고 있다. 설사 그들의 새로운 주장을 그대로 믿어주더라도 중국이 미세먼지 오염도를 무려 40%나 개선했는데도 우리나라에는 아무 영향이 없다는 현실이 변하지는 않는다.

덮어놓고 중국 탓은 이제 그만

최근 우리나라와 중국은 '청천 프로젝트'라는 이름으로 미세먼지에 대한 공동연구를 본격적으로 시작했다. 또 환경장관 회의를 통해 대기오염물질 특성 파악, 오염원인 규명, 대기질 모델 개선 등에 대한 협력 확대를 추진하고 있다. 그 어느 때보다 양국이 협력할 때이다.

하지만 국립환경과학원과 환경부는 중국발 미세먼지 영향이 고농도 시 60~80%라고 단정 지어 말하면서 반중 감정을 자극하고 있다. 이런 태도는 중국 정부를 향해 공동연구를 거부하라고 부추기는 것이나 다름없다. 한중 공동연구에 전혀 도움이 되지 않는다.

국립환경과학원과 환경부는 반성문부터 써야 한다. 미세먼지 예측 능력 제고를 외치며 예산 타령을 하고 인력과 기구를 늘려달라고 아우성칠 게 아니라 그동안 '미세먼지=중국'이란 수식을 만들어 국민을 속인 잘못부터 반성해야 한다. 그런 다음에 미세먼지 배출량 감축이라는 문재인 정부의 공약과 미세먼지 특별대책에 대한 협조를 구해야 한다.

'미세먼지는 중국 탓이지만 우리나라 미세먼지를 줄이자'라는 비논리적 주장은 이제 정리할 때가 됐다. 아직 잘 모르는 '미세먼지는 중국 탓'은 긴 호흡으로 한중 공동연구에 맡기고, 우선은 '우리나라 미세먼지 줄이기'에 전념해야 한다.

3부

비과학은 어떻게
믿음이 되었나
: 잘못된 뉴스의 생산과
확산을 말하다

컴퓨터 그래픽 미세먼지에 농락당한 대한민국

2013년 12월 20일《동아일보》와 관련이 있는 '도깨비뉴스'라는 사이트에 흥미로운 뉴스가 보도됐다.[1] 영국 일간지《데일리메일Daily Mail》을 인용한 "바람이 어느 방향으로 부는지 실시간으로 보여주는 세계 지도가 공개됐다"라는 기사였다. 널스쿨nullschool이라는 이름의 이 지도를 개발한 사람은 일본 도쿄에서 활동하는 미술가 겸 엔지니어 캐머런 베카리오Cameron Beccario로 알려졌다.

이 지도 프로그램의 핵심은 작은 실선들이 무리를 지어 움직이도록 하는 표현법이다. 화살표로 표시되는 바람 방향을 서로 연결해 살아 움직이는 것처럼 보이게 만든 것이다. 물론 기상예보 자료는 개인이 만들 수 있는 것이 아니므로 미국 정부 등의 공개 자료를 활용했다.

그림1 널스쿨[2]

2년 뒤인 2015년에는 《한겨레신문》의 곽노필 기자가 블로그를 통해 윈디티[Windity]라는 또 다른 멋진 기상 지도를 소개했다.[3] 이 지도 프로그램은 체코 프라하에서 활동하는 이보[Ivo]라는 컴퓨터 프로그래머가 개발했다. 그는 평소 연날리기와 헬리콥터, 제트기 조종에 빠져 있다 보니 기상에 관심이 많아 이런 프로그램을 개발했다고 한다. 이 프로그램은 앞에서 말한 캐머런 베카리오가 개발해 공개한 소스코드를 활용해 좀 더 발전시킨 것이다.

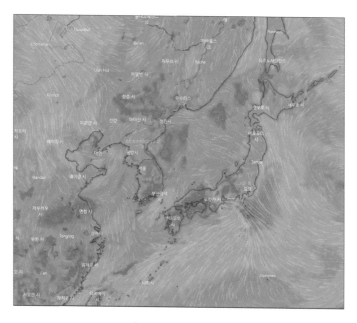

그림2 윈디티[4]

이보는 미국 정부가 공개한 기상 자료를 좀 더 다양하게 활용해 바람뿐 아니라 다양한 기상 정보를 함께 살펴볼 수 있게 했고, 바람도 지상부터 성층권까지 고도별로 나눠 살펴볼 수 있게 만들었다.

과학 시간에 고기압 중심은 H, 저기압 중심은 L로 표시하고 기압 수치와 등기압선이 표시된 일기도의 의미와 바람이 어느 방향으로 얼마나 강한 세기로 부는지 예측하는 방법을 배웠을 것이다. 베카리오나 이보가 개발한 프로그램은 머리

굴릴 필요 없이 바람의 방향과 세기를 동영상처럼 눈에 쏙 들어오게 보여주는 멋진 프로그램이다.

미국 정부가 제공하는 기상예보를 기반으로 하고 있어서 "변화무쌍한 대기의 특성상 1주일이 넘어가는 기간에 대한 예측 정보는 정확도가 확 떨어지지만, 2~3일 정도의 예보는 상당히 들어맞기까지 한다"라고 하니 더 말할 나위 없이 좋은 프로그램이다. 물론 대륙 차원의 아주 큰 스케일의 기상을 대략적으로 보여주는 것이어서 세부 지역의 기상 상태와

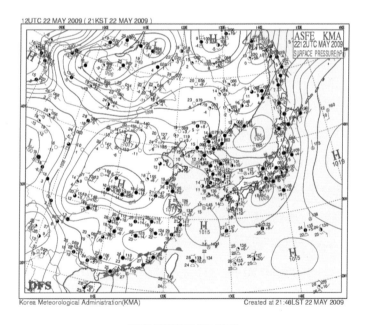

그림3 기압배치도 (출처: 기상청)

바로 비교하는 것은 무리이다.

딱 여기까지면 좋았을 것이다. 그런데 베카리오는 바람에 대한 정보를 제공하면서 한 가지 부수적인 흥미 요소를 추가했다. 중국의 대기오염물질이 바람에 따라 어떻게 확산되는지 보여주는 그래픽을 함께 제공한 것이다. 어떤 모델링 방법으로 계산된 것인지도 제대로 밝히지 않고 그냥 현재 대기오염 농도의 추정 결과만 보여주는 단순한 그래픽이다. 대기오염물질이 오직 중국에서만 발생하는 것으로 되어 있기도 해서 진짜 현재 상황으로 오해하지 말고 그냥 재미로 봐야 하는 수준이다.

베카리오가 이 프로그램을 개발한 2013년 말은 마침 국립환경과학원과 환경부가 중국 미세먼지가 한국을 덮친다는 보도자료를 연달아 내기 시작한 시기였다. 그래서인지 인터넷에서 이 그래픽을 찾아낸 사람들이 중국 미세먼지가 한국을 덮치는 모습을 보여주는 나사NASA의 인공위성 사진이라며 퍼뜨리기 시작했고, 많은 사람이 그대로 믿었다. 학교로 나를 찾아온 MBC 〈PD수첩〉 제작진을 비롯한 언론인들에게 이것은 인공위성 사진이 아님을 여러 차례 설명한 바 있다. 그때마다 놀라며 허탈해하는 이들도 많았다.

2017년 〈PD수첩〉 제작진은 널스쿨 사이트 운영자인 베카리오와 만나는 데 성공해 그해 5월 그 내용을 방송했다(1128

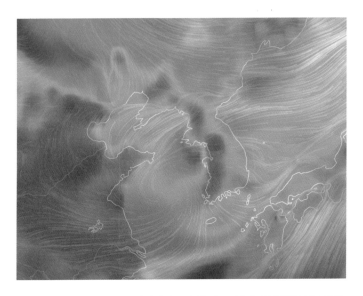

그림4 '중국발 미세먼지 인공위성 사진'으로 둔갑한 널스쿨[5]의 대기오염물질 확산 그래픽

회 '미세먼지, 가면을 벗기다').

　제작진을 만난 베카리오는 한국 학부모들이 널스쿨을 미세먼지 확인에 사용하고 있다는 사실에 놀라며 "널스쿨이 보여주는 것은 일산화탄소이지 미세먼지가 아니다"라며 웃었다. 또 미세먼지인가 일산화탄소인가는 차치하더라도 널스쿨 프로그램의 본래 목적인 '바람'조차 "실험적인 의미가 있는 것이지 실제 기상예보처럼 사용하는 것은 권하지 않는다"라고 말했다.

　하지만 방송에서 이런 사실을 밝혔어도 여전히 많은 시민이 정부와 언론의 '중국발 미세먼지 공습' 부추김 속에서 널스쿨의 그래픽은 중국발 미세먼지 인공위성 사진이라고 믿어 의심치 않았다. 사실 이 컴퓨터 그래픽은 강력한 종교적 신앙에 버금가는 선입견만 없다면, 절대 인공위성 사진으로 착각할 수 없다. 바람이 실선으로 살아 움직이고 있고, 눈에 잘 보이지도 않는 미세먼지가, 그것도 그냥 뿌연 것도 아니고 시뻘겋게 보일 리가 없기 때문이다. 맹목적 확증편향이 얼마나 무서운지 알 수 있다.

재미있는 점은 그 후 널스쿨에 미세먼지 컴퓨터 그래픽이 추가됐다는 사실이다. 우리 국민의 강력한 믿음에 부응하기 위한 개발자의 뜻깊은 배려 같다. 원래 널스쿨에서 보여주던 일산화탄소는 오직 중국만 대상으로 했고 지금도 그 상태 그대로 개발이 멈춰 있다. 반면 나중에 추가한 미세먼지는 다른 대륙 그래픽도 상세하게 보여준다. 전 세계적으로 미세먼지에 대한 관심이 높으니까 그랬을 수도 있지만, 널스쿨은 대한민국 국민이 가장 많이 접속하기 때문에 그 영향으로 개발자가 미세먼지 그래픽에 집중하지 않았을까 추측해본다.

널스쿨에서 보여주는 미세먼지 그래픽이 어떻게 만들어지는지 상세한 내용은 공개되어 있지 않다. 그렇다고 개발자에게 공개하라고 요구할 수도 없다. 예측값이 실제와 다르다고 비난하거나 항의할 수도 없다. 개발자가 보라고 강요한 것도 아니고, 비용도 전혀 받지 않고 있기 때문이다. 결과가 사실과 달라도 〈PD수첩〉 제작진에게 밝힌 대로 그냥 "실험적으로 만든 것"이라고 하면 그만이다. 개발자는 컴퓨터 그래픽을 만들어 올린 것뿐이지, 그래픽에 활용한 원자료에 대한 책임은 없기 때문이다.

바람 등 기상 자료는 미국 정부 자료를 그대로 옮긴 것이기에 그런대로 정확성을 확보하고 있으리라 기대하지만, 우리나라 기상청의 실제 관측 자료와 상당한 차이를 보이는 경우도 많다. 미국 정부가 우리나라 세부 기상까지 제대로 예측하기를 기대하는 것은 무리이니, 이 또한 당연하게 받아들여야 한다.

그러니 미세먼지는 더 말할 것도 없다. 국립환경과학원만 봐도 알 수 있듯이 슈퍼컴퓨터와 막대한 인력과 예산을 사용해도 확보하기 어려운 것이 미세먼지 모델링 결과의 정확성이다. 그런데 단 한 명의 미술가 겸 엔지니어가 교육적 목적혹은 취미로 만들어놓은 결과에서 정확성을 기대하는 것 자체가 어이없는 난센스다.

제1야당 최고위원이 눈으로 확인하라며 널스쿨 그래픽 사진을 중국 정부에 전달했다는 사실이 언론에 보도됐다. 민감한 외교 사안에 이런 자료를 실제 인공위성 사진으로 착각해항의 서한과 함께 보냈다니, 이는 명백하게 국격을 손상시키는 행위이다.

정치권만이 아니다. 국민이 가장 신뢰한다는 뉴스 프로그램에서조차 이런 유형의 사진에 의존해 중국의 미세먼지가 '순간 삭제'되어 동남아로 몰려갔다는 식으로 자신들의 환상을 마치 사실처럼 보도하고 있는 것이 우리의 현 상황이다.

공기를 둘러싼 공포는
어떻게 만들어지는가

: '매연 3시간 40분 흡입설'을 만든 논문 오독과 뉴스 보도

"요즘 서울에서 딱 1시간만 돌아다니면서 미세먼지를 마시면 디젤차 매연을 3시간 40분 동안 흡입하는 것과 똑같다는 연구 결과입니다." – JTBC 2014년 2월 27일 보도

JTBC '오늘의 숫자' 코너에 '3시간 40분'이란 숫자가 등장했다. 이틀 전인 2014년 2월 25일 서울의 미세먼지(PM10) 농도가 $163\mu g/m^3$이었는데, 이런 날 1시간만 외부에서 산책해도 $60 m^2$(약 18평)의 밀폐된 공간에서 배기량 2000cc 디젤차 매연을 3시간 40분 동안 마시는 것과 같다는 보도였다.

강연할 때마다 물어본다. "밀폐된 공간에서 디젤차 매연을 3시간 40분 동안 마시면 어떻게 될 것 같으세요?" 청중은 "죽어요"라고 답한다. 맞다. 밀폐된 공간에서 중형 디젤차가 내뿜는 배기가스를 3시간 40분 동안 마시면 의학적 지식을 논할 필요조차 없이 사망할 가능성이 매우 높다. 실제로 산소 부족이나 일산화탄소 중독으로 질식할 것이다. 이게 상식이다.

우리나라 미세먼지 오염이 아무리 심해도 1시간 산책했다고 사망할 수준이라는 주장이 사실일 리가 없다. 그런데 왜 이런 내용이 의심의 여지도 없는 사실처럼 방송됐을까? 보도 내용은 이탈리아 암센터의 연구 결과를 인용한 것이라 했다. 진짜 그런 내용인지 뜯어보자.

잘못된 뉴스의 탄생

인용된 연구는 2004년 《토바코 컨트롤Tobacco Control》이란 학술지에 실린 「담배와 디젤차 배기가스로부터의 입자상 물질 비교: 교육적 관점Particulate matter from tobacco versus diesel car exhaust: an educational perspective」이라는 논문이다.[6] 'Brief Report'로 분류되어 있는데, 이는 비교적 간단한 실험을 할 때 쓰는 표현이다.

실험이 진행된 장소는 작은 환기구가 여섯 개 있는 $60\,m^3$ 용적의 개인 차고였다. JTBC 보도 내용과는 달리 밀폐된 공간이 아니고, 어느 정도 공기 순환이 되는 장소였다. 이탈리아는 개인 차고에도 공기 순환을 위해 환기구를 설치하도록 법으로 정해놓았다. 실험에 사용한 디젤차는 2002년 형 2000cc 포드 몬데오였다. 이 자동차의 연료는 실험 목적에 맞춰 미세먼지 배출량을 최대한 줄이기 위해 품질 좋은 바이오

디젤(콩기름 등 식물성 기름을 주성분으로 하는 저공해 연료)을 썼다. 또한 미세먼지 농도를 짧은 시간 동안 연속적으로 측정하기 위해 휴대용 간이 측정기를 사용했다.

실험 전 차고 안 미세먼지 농도는 PM10 기준으로 $15\mu g/m^3$ 이었다. 30분간 엔진을 공회전시키면서 PM10의 변화를 살펴 봤더니 오염도가 $36\mu g/m^3$으로 2배 이상 높아지는 것으로 나타났다. PM2.5의 측정값은 $28\mu g/m^3$이었다.

본격적인 실험으로 담배 연기로 인한 미세먼지 오염도를 확인했다. 담배에 불을 붙이자마자 미세먼지 농도는 급증해 서 최고 측정값이 PM10 기준으로 약 $700\mu g/m^3$이나 됐다. 평 균 오염도는 $343\mu g/m^3$이었고, PM2.5는 $319\mu g/m^3$이었다. 비 록 바이오디젤을 사용한 경우이기는 하지만, 담배 연기가 디 젤차 배기가스보다 미세먼지 오염도를 10배가량 높인다는 것이 실험의 내용이다.

그렇다. 이 연구는 담배의 유해성을 청소년들에게 확인시 켜주기 위해 설계된 실험이었다. 직접흡연은 말할 것도 없고 간접흡연으로도 실내 환경과 다른 사람들에게 매우 큰 악영 향을 미칠 수 있음을 보여주고자 한 실험이었다.

JTBC는 인용 논문의 진짜 연구 목적, 실험에 사용한 자동 차와 연료, 실험 장소 등을 모두 가린 채 보도했다. 미세먼지 농도도 간이 측정기를 사용한 결과여서 이 실험에서 담배 연기와 디젤차 배기가스로 인한 오염도의 상대적인 높낮이를 비교하는 제한적 용도로 사용해야지, 그 수치를 절대적인 값으로 착각하고 서울시 미세먼지 오염도를 측정한 결과와 직접 비교하는 것은 대단히 무모한 시도이다.

더구나 실험 결과 수치까지 바뀌면서 사실이 왜곡됐다. 이 실험에서 담배로 인한 미세먼지 오염도 $343\mu g/m^3$은 2014년 2월 25일 서울시 미세먼지 오염도($163\mu g/m^3$)보다 2배 이상 높았다. 그런데 보도에서는 오히려 서울시 공기를 1시간 마시는 것이 담배 연기를 1시간 24분 간접 흡연하는 것과 같은 것으로, 즉 서울시 공기가 1.4배 더 나쁜 것으로 결과를 뒤집어 놓았다.

왜 이런 황당한 오류가 발생했을까? 실험 실과 해석이 인래 내용과 정반대로 뒤집어진 이유는 담배로 인한 오염 실험 결과 $343\mu g/m^3$을 그대로 사용하지 않고 3분의 1로 줄인 $114\mu g/m^3$으로 바꿔치기해 계산했기 때문이다. 그렇다면 왜 이런 잘못을 했을까? 자동차는 30분 공회전시키고 담배는 3개비를 차례차례 피워서 30분 동안 연기를 발생시키고 오염도를 측정했는데, 담배를 한 번에 3개비 피운 것으로 잘못 이해하고 3으로 나눴다는 것 말고는 설명이 불가능하다.

이런 황당한 실수와 논문의 원래 취지나 실험 내용에 대한 왜곡이 겹쳐져 서울시 미세먼지 오염이 담배 연기는 물론 디젤차 배기가스보다 훨씬 나쁘다는 가짜 뉴스가 탄생했다.

미세먼지로 인한 조기 사망자가 매년 1만 명 넘는다?

더 큰 문제는 언론의 무비판적인 베껴 쓰기와 기초적 사실 확인도 하지 않는 이른바 전문가들이다. 덕분에 이탈리아의 금연 교육용 논문은 대한민국의 미세먼지 상황을 과장하기 위해 왜곡된 내용으로 몇 년 동안 잘못 인용됐다. 이 가짜 뉴스는 많은 사람이 공포에 떨며 마스크를 착용하고 공기청정기를 구입하는 데 엄청나게 기여했을 것이다. 이후로도 정부와 언론, 일부 학자들은 국민들의 과도한 공포를 진정시키려고 하기는커녕 아무리 낮은 농도의 미세먼지라도 마시면 큰 일이라도 나는 것처럼 불난 데 기름 붓듯 겁주는 발표를 계속하고 있다.

미세먼지로 인한 조기 사망자가 매년 1만 명이 넘는다는 정부 발표와 언론 보도 역시 시민들이 자신의 공포가 과도한 것이 아니라고 확신하게 만들었다. 바깥 공기가 마시면 죽을 정도이고, 미세먼지 때문에 매년 1만 명이나 사망하는 것처럼 정부와 학자, 언론이 입을 모아 이야기하는데, 대체 누가 숨 쉬기 힘들다고 마스크를 쓰지 않을 것이며, 공기청정기

구입할 돈을 아끼겠는가?

앞서 1부에서 다뤘듯이 '미세먼지로 인한 조기 사망'은 사망진단서에 미세먼지가 사인으로 기록되거나 개별적으로 진단이 내려졌다는 뜻이 아니다. 미세먼지 오염도 자료와 사망자 수 자료들을 연계해 오염도 수치가 높으면 사망자 숫자가 어느 정도 높은지를 통계적 방법으로 추정한 것이다. 이 수치는 미세먼지 저감의 보건·경제·사회적 효과를 평가하기 위해 개발된 것으로, 환경오염으로 인한 건강 피해가 교통사고나 다른 경제적 요소 못지않게 중요함을 정책 결정자나 국민들에게 알리기 위한 지표이다. 이러한 의미에 대한 설명 없이 그저 미세먼지로 인한 조기 사망자가 1만 명이 넘는다고 하니까 국민들은 그 어마어마한 규모에 놀라 미세먼지에 극도의 공포심을 느끼지 않을 수 없다.

그동안 정부와 학자, 언론은 미세먼지로 인한 조기 사망자 수의 정확한 의미를 제대로 알리지 않고, 1만 명이 넘으니 매우 위험하다는 메시지만 전파했다. 이들의 잘못은 조기 사망자 규모를 미세먼지 오염도를 낮추기 위한 노력을 강조하기 위한 목적으로 사용하지 않고, 국민들 사이에 과도한 공포감을 조성하면서 마스크 착용과 외출 자제를 강조하는 식으로 오용 또는 남용했다는 점이다.

언론과 전문가와 정부의 할 일

목적이 수단을 정당화하지 않는다. 미세먼지에 대한 경각심을 높이기 위해서라고 해도 정보의 일부만 제공해서 국민에게 겁을 주고, 그를 통해 자신들의 목적을 달성하려고 한다면 그 목적이 아무리 정당해도 국민을 개돼지처럼 우습게 보는 것 아니냐고 비판받을 수 있다.

더구나 지금 국민에게 미세먼지에 대한 공포를 심어준 결과가 미세먼지 오염도를 낮추고 우리 사회를 저에너지 고효율 사회로 바꾸는 동력이 되지 못하고 있기 때문에 더욱 그렇다. 과도한 공포는 개선하려는 의욕조차 꺾는다. 고장 난 배는 고쳐서 타고 갈 수 있다. 그러나 곧 배가 침몰한다고 생각하면 모두 탈출하려고 하기 마련이다.

미세먼지 문제를 해결할 수 있다는 희망을 주면서 함께 해결해야 하는 문제라는 공감대를 만들어야 한다. 건강한 사람도 금방 병에 걸리거나 심지어 죽을 수 있다는 식으로 겁주는 방식으로는 미세먼지 문제를 해결할 수 없다.

언론은 의심하고 사실을 확인하는 기본적인 태도를 갖춰 보도해야 하는데, 미세먼지와 관련해 우리 언론은 그렇지 못한 듯하다. 몇 년 동안 남 탓과 공포 조장에 앞장선 전문가들의 주장에 포획되어 가짜 뉴스와 정보를 퍼뜨리는 역할에서 벗어나지 못하고 있는 것은 아닌지 돌아봤으면 한다.

정부도 마찬가지이다. 국민의 건강을 생각한다면, 우선 미세먼지에 대한 과학적 근거를 제시하고 제대로 설명부터 해야 한다. 국민을 이해시키고 협조를 구하면서 법규를 강화하고 미세먼지 감축을 위한 정책을 꾸준하게 수행하면 대기질은 점차 개선된다. 과거에 미세먼지 오염이 극심했던 선진국에서 이미 실행한 방법이다. 왕도가 따로 없다.

물론 이런 과정이 쉽지 않을 수 있다. 가뜩이나 가짜 정보로 혼란을 느끼고 있는 국민을 설득하기가 어려울 수도 있다. 하지만 거짓말까지 하거나 정보를 토막만 제공하면서 국민의 공포심만 키운다면, 문제 해결은 요원해지고 사회적 혼란만 불러온다.

우리나라는 미세먼지를 줄여야 한다. 과거보다 많이 개선됐으나 반드시 더 줄여야 한다. 하지만 언론이나 일부 학자들이 쏟아내는 말처럼 공포스러운 오염 수준은 아니다. 마스크 회사와 공기청정기 회사의 영업사원이 아니라면, 마치 곧 죽기라도 할 듯한 협박은 이제 그만하길 바란다.

미세먼지에 대한 인식을 바로잡아야 한다. 그것이 그동안 미세먼지에 관한 수많은 가짜 뉴스를 생산하거나 전파한 언론이 지금 당장 해야 할 일이다.

위해도 인식

환경 유해요인에 대한 대중의 불안감이나 우려를 학술적으로는 '위해도 인식risk perception'이라고 한다. 위해도 인식은 실제 위험도와 일치하지는 않는다.

담배의 유해성을 아무리 강조해도 흡연자들이 금연하게 하기는 쉽지 않다. 이처럼 대부분은 실제 위험도를 인지하지 못하거나 무시한다. 반면 환경 유해요인과 관련한 특정 사건이 언론에 집중적으로 보도되거나 하면 위해도 인식이 급격하게 높아진다. 때로는 과도한 수준으로 높아져 공포나 흥분 상태에 빠지기도 한다.

몇 년 전 발생한 메르스 사태는 과도한 공포의 대표적 사례이다. 첫 환자는 해외에서 감염됐지만 국내에서 발생한 모든 추가 환자는 의료기관에서의 밀착 접촉으로 감염됐다. 전문가들이 일반 사회 환경에서는 메르스에 걸리지 않는다고 설명했지만 소용없었다. 온 국민이 극심한 공포에 떨었고, 그 때문에 모든 사회 활동이 막대한 피해를 입었다.

다음 그림에서 보듯 환경 유해요인에 대한 위해도 인식은 실제 위험도에 비해 낮은 수준에 머물다가 특정 사건을 계기로 급격하게 높아지기도 하지만, 대부분 실제 위험도 수준으로 낮아지기 마련이다. 그러나 정부나 사회가 특정 사건에 제대로 대처하지 못하고 대중에게 사안의 본질을 제대로 설명하지 못하면 불합리한 수준의 과도한 공포가 장기간 지속한다. 환경의학이나 보건학 전문가는 국민의 위해도 인식이 실제 위험도에 비해 낮을 때는 위해도 인식을 높이기 위해 노력해야 하고, 너무 높을 때는 과도한 공포를 해소하는 역할을 해야 한다.

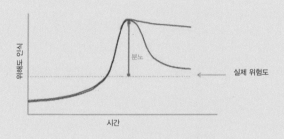

위해도 인식 = 실제 위험도 + 분노

위해도 인식은 환경 유해요인으로부터 건강을 보호하기 위해 반드시 필요하다. 또 가끔은 위해도 인식을 폭발적으로 높이는 것도 필요하다. 환경 개선을 위한 노력은 경제적 이유나 오염 원인자들의 저항으로 늘 어려움을 겪곤 한다. 그런 어려움을 극복하려면 국민의 위해도 인식을 높이고 그 힘으로 환경 개선에 대한 사회적 합의를 도출해 정치적 추진력을 만드는 것이 필요하다. 환경의학이나 환경보건 학자들 그리고 환경운동가들은 대중의 낮은 위해도 인식을 높이기 위해 활동한다.

그러나 위해도 인식이 과도한 공포 수준으로 높아지고 장기화하면 여러 부작용이 발생하고 오히려 환경 개선 정책이 왜곡되기도 한다. 환경 개선은 시간이 걸리기 마련이므로 과도한 공포는 당장 나와 가족부터 안전하게 피할 방법을 찾게 만든다. 불필요한 물건을 사게 하는 상업적 유혹이나 자극도 성행하기 마련이다. 과도한 공포심은 공포 마케팅이 극성을 부리는 토양을 제공한다.

미세먼지는 건강에 해로우므로 미세먼지를 줄이는 대책을 시행해야 한다는 것은 논란의 여지가 없는 상식이다. 그러나 최근 5년 사이 우리나라에 퍼진 미세먼지 공포 현상은 그런 대책에는 관심을 두지 않고 마스크와 공기청정기만 찾게 했다. 미세먼지가 우리의 난방과 취사, 자동차, 경제 활동에서 발생한 것이라고 생각하면 분노는 별로 높아지지 않는다. 어떻게 슬기롭게 미세먼지 배출량을 줄일 것인지 합리적 방법을 생각하게 된다.

반면 미세먼지 대부분이 중국에서 온다고 생각하면 우리가 어떻게 할 수 없는 문제이기에 미세먼지에 대한 위해도 인식이 높아지고 중국에 대한 분노까지 커진다. 위해도 인식이 과도하게 높아지면 대중의 분노를 야기하는데, 이를 학술용어로는 격분outrage이라고 부른다. 자신이 선택하지 않은 위험, 스스로 통제할 수 없다고 생각하는 위험, 발생 원인이나 구체적 내용을 잘 모르겠는 위험, 경제적 이득을 취하기 위한 행위나 부도덕한 행위 때문에 발생한 위험 등의 경우에는 이런 분노가 더 커진다.7 '미세먼지는 중국발'이라는 프레임은 국민의 분노를 키울 요인을 고루 갖추고 있다.

과거 페놀, 바이러스 오염 사건 등으로 수돗물에 대한 불신이 장기화하면서 생수 소비와 정수기 사용이 급증하고, 그 결과 에너지 낭비와 플라스틱의 역습이 현실화되고 있다. 겨울철 지나친 난방이 낳은 건조한 실내 공기 문제에 과도하게 대응하며 가습기 사용이 폭발적으로 증가한 결과 가습기 살균제라는 끔찍한 사태를 불러왔다. 이처럼 위해도 인식이 과도하게 높아졌을 때 근본 원인을 제대로 파악해 개선하려 하지 않고, 각자도생하는 방식의 해결책을 찾게 만들고 그것을 자극하는 공포 마케팅이 극성을 부리면 새로운 환경 문제의 비극이 잉태된다.

따라서 과도한 위해도 인식 상황에서 전문가들이 오히려 불안감을 자극해 국민을 공포에 떨게 해서는 안 된다. 유해요인에 대한 잘못된 정보나 무지로 혼란이 가중될 때 전문가는 정확한 정보를 제공하고, 그를 통해 국민의 불안감을 환경 개선의 사회적 동력으로 만드는 데 이바지해야 할 책임이 있다.

하지만 우리나라 지식인들과 환경 분야 전문가들이 과연 그 책임을 다하고 있는지 의문이다. 불에 기름 붓듯 국민의 공포를 자극하는 데 열을 내는 언론이나 그런 공포를 이용해 연구비를 타내려고 골몰하는 학자들의 모습이 어째 더 익숙하다.

잘못된 정보가
과학으로 불리는 순간

: 팩트 체크를 놓친 '한중 공동연구' 보도

"중국발 미세먼지의 영향을 분석한 우리 정부와 학계의 의견은 이미 알려진 바 있지만, 중국 정부가 참여한 한중 공동연구를 통해 밝혀진 건 처음입니다."

- JTBC 2017년 5월 16일 보도

2017년 5월 16일 JTBC 〈뉴스룸〉은 '미세먼지 중국발 유입, 지난해 이미 밝혀냈다', '미세먼지 원인 입증하고도 중국에 말 못 한 환경부'라는 두 꼭지의 보도를 내보냈다.[8] '우선순위에 밀린 중국발 미세먼지 잡으려면'이라는 제목으로 손석희 앵커와 담당 기자의 심층 논의도 이어졌다. JTBC 〈뉴스룸〉보도의 취지는 대략 다음과 같은 것으로 판단된다.

1. 우리나라 미세먼지 오염의 가장 큰 원인은 중국발 미세먼지이기 때문에 그 대책이 가장 우선순위가 높아야 한다.

2. 중국발 미세먼지에 대해 우리 정부는 중국에 적극적인 항의나 대책 촉구를 하지 못하고 있다.

3. 객관적인 연구 결과가 없다는 이유로 일각에서 중국발 미세먼지에 대한 책임을 제대로 추궁하기 어렵다는 주장을 하고 있다.

4. 그러나 JTBC는 환경부가 이미 작년에 중국 정부까지 참여한 한중 공동연구를 통해 중국발 미세먼지 영향의 객관적 근거를 확보하고 있다는 사실을 확인했다.

JTBC가 중국 정부가 참여한 한중 공동연구로 소개한 주인공은 「한중 월경성 미세먼지 저감을 위한 공동연구(II)」라는 제목의 보고서이다.

'중국 정부가 참여한 한중 공동연구', 사실일까?

JTBC가 소개한 연구 보고서는 인터넷에서 쉽게 내려받을 수 있다. 이 연구가 정말로 중국 정부, 아니 최소한 중국 학자들이 참여하고 동의한 결과라면 학술적 신뢰도가 낮더라도, 즉 학계에서 말하는 동료 검토peer review를 하지 않았거나 사용 자료와 연구 방법의 수준이 좀 떨어지더라도 우리 정부가 강력한 외교적 발언권을 가질 수 있는 근거가 될 수 있다.

손석희 앵커나 기자들 역시 이 연구가 중국이 참여한 공동연구임을 강조하고 있다. 그것이 아니라면 이 보고서는 보도조차 되지 않았을 것이다. 학술적인 논문이나 연구 보고서라기보다는 상당 부분이 한중 간 실무적 접촉과 진행 상황을 보고하는 행정적인 내용으로 채워져 있어 뉴스로서의 보도 가치가 없기 때문이다.

국가 간 공동연구라고 하면 당연히 논문 또는 보고서의 공동 저자에 양국 연구진이 포함되어 있어야 한다. 민망할 정도로 무늬만 국가 간 공동연구인 경우에도 국가별로 최소한 한 명의 저자라도 포함되어 있기 마련이다.

그러나 JTBC가 소개한 연구는 고려대와 환경관리공단이 환경부 소속 국립환경과학원의 용역을 수행한 국내 연구 보고서의 일부이다. 연구진 12명 모두 내부 연구진, 즉 한국 측 연구자들이고 외부 연구원은 0명으로 보고서 맨앞에 적시되어 있다. 12명 연구진 중 연구 보조원 단 한 명만이 중국 이름을 갖고 있으나 소속은 한국 측이다.

JTBC가 보도한 연구는 한국 연구진 단독으로 진행한 것이지 중국 측은 전혀 개입하지 않은 연구이다. 그 사실을 보고서에 매우 상세하고 정확하게 밝히고 있다. 예를 들어 미세먼지 시료 포집은 중국 측 장비를 빌려서 했지만, 포집된 시료를 한국으로 가져와서 고려대 실험실에서 분석했다는 식이다.

이 보고서 어디에도 한중 공동연구였다는 표현이나 주장은 없으며, 누가 봐도 한중 공동연구가 아님은 쉽게 확인할 수 있다.

이 한 가지 사실만으로 JTBC의 뉴스 세 꼭지는 명백한 오보이다. 기사 작성의 기본 육하원칙 중에서도 첫 번째인 '누가'가 사실이 아니기 때문이다. 중국 정부도 참여한 한중 공동연구라는 의미 때문에 보도 가치가 있었던 것인데 그조차도 사실이 아니니 굳이 JTBC 〈뉴스룸〉이 보도한 연구 내용에 대한 비판과 평가까지 할 필요는 없어 보인다. 다만 이 연구에 대한 이해를 돕기 위해 약간의 설명을 덧붙인다.

「한중 월경성 미세먼지 저감을 위한 공동연구」의 배경

JTBC의 보도는 환경부나 우리 정부가 중국발 미세먼지 영향이 학술적으로 입증되었음에도 중국에 책임을 추궁하는 등의 직극적인 외교적 항의를 하지 않는 것처럼 의혹을 제기했지만, 이는 사실과 거리가 멀다.

많은 언론과 시민들이 우리 정부가 중국발 미세먼지의 영향을 의도적으로 축소하고 은폐하고 있다고 생각한다. 그러나 과거의 언론 보도를 확인해보면 환경부는 중국발 미세먼지가 한국에 미치는 영향이 절대적이라고 주장해왔고 어떻게 해서든 그것을 입증하기 위해 각고의 노력을 기울여왔음을 쉽게 알 수 있다. 오히려 국내 미세먼지 감축 실패의 책임을 회피하기 위함이 아니냐는 비판을 받아왔을 정도이다.

이번에 JTBC가 보도한「한중 월경성 미세먼지 저감을 위한 공동연구」역시 그런 목적을 달성하기 위한 수단이었다. 중국발 미세먼지가 한국에 미치는 영향을 입증하기 위해서는 중국 내 미세먼지 배출량 자료를 확보하는 것이 필수인데, 그것이 환경부가 중국 정부에 공동연구를 제안하고 추진하는 진짜 목적이다.

중국 측이 환경부의 의도를 잘 알고 경계하며 좀처럼 공동연구에 응하지 않자 우회적으로 중국 정부에 온갖 형태의 인적 접촉을 시도하고 있는 것에 국립환경과학원이 연구 과제 형태로 경비를 지원하기 위해 '연구'라는 이름을 붙인 것에 불과하다.

보고서가 밝히고 있는 구체적 한중 협력 내용

이 연구의 진행 과정에서 한중 협력 수준은 한국 전문가들이 중국을 방문해 일부 자료를 얻거나 조사에 약간의 도움을 받은 정도이다. 보고서는 중국 측으로부터 제공받은 자료를 공개하고 있다. 그중 대표적인 것이 언론을 통해 홍보까지 했던, 중국 대기오염 측정망 자료 일부를 정보 공유 전용선^{FPT}을 통해 얻게 된 것이다. 그런데 지금 중국의 대기오염 측정망 자료는 누구나 인터넷에서 실시간으로 확인할 수 있다. 따라서 중국으로부터 자료를 정보 공유 전용선으로 받아 축적할 수 있어 인터넷에서 수작업으로 자료를 모으는 수고를 하지 않아도 된다는 것 정도가 그 효과라고 할 수 있다.

또한 보고서는 중국 측이 베이징 등 현지에서 포집한 미세먼지 시료를 넘겨받아서 연구진이 한국으로 돌아와 성분을 분석했다는 점도 밝히고 있다. 이런 수준의 협조는 한국 연구진이 중국에 갈 때 시료 포집기만 가져갔으면 간단히 해결되었을 문제이다. 중국이 외국인의 미세먼지 포집 장비 반입을 금지해 가져가지 못했다는 것인지, 아니면 현지에서 장비를 빌려 사용하는 편이 효율적이어서 그런 것인지 상세한 이유는 알 수 없다. 여하튼 겨우 이런 수준의 협조를 가지고 미세먼지에 관한 한중 협조라고 말하기는 낯 뜨거운 일이다.

또한 중국 학자들이 연구한 미세먼지 성분에 대한 연구 결과는 15년의 장기간 추세까지 국제 학술지에 모두 발표되어 있다. 따라서 이번 연구에서 고작 미세먼지 시료 몇 개의 성분 분석을 한 것을 두고 추가 정보라고 말하거나 정부 간 협력의 성과라고 말하기는 힘들 것이다.

한국 측 전문가 25명이 중국을 방문해 중국 측 전문가 5명과 함께 진행했다고 밝힌 공동 워크숍도 JTBC가 보도한 연구 결과의 도출과는 아무런 관계가 없는 행사이다.

이 보고서는 환경부가 사소한 성과라도 얻어내기 위해 중국 정부기관에 접근하고 있다는 사실을 보여주는 것 말고는 특별하거나 새로운 학술적 근거를 획득했다고 보기 어렵다. 중국발 미세먼지의 영향력을 학술적으로 평가하기 위해서는 중국 내 미세먼지 배출원의 위치나 배출 관련 자료, 중국 여러 지역의 풍속, 풍향, 대기안정도 등 세부적인 기상 자료가 필요한데, 이에 관해서는 아무런 성과도 없었다.

JTBC 오보 유감

대기오염은 외국의 영향을 받기도 하지만, 가까운 곳에 있는 오염원의 영향을 많이 받는다. 대한민국은 2,000만 대 이상의 자동차가 있고, 화석연료 소비량이 세계 10위권 안에 든다. 1인당 배출하는 이산화탄소 양은 중국의 2배에 달한다. 당연히 국내에서 미세먼지 배출을 줄일 수 있는 여지는 많다.

문제가 된 JTBC 보도가 있기 하루 전인 2017년 5월 15일,

문재인 대통령은 노후 석탄화력발전소의 가동 중단을 지시했다. 이는 임기 내 미세먼지 발생량 30% 감축 공약을 지키겠다는 의지를 보여준 것이기도 했는데, 그 실천을 통해 미세먼지 오염이 실질적으로 개선될 것으로 믿기에 환경단체와 국민들은 환영하며 칭찬을 아끼지 않았다. 실제로 환경부 통계에 따르면 2017년과 2018년의 미세먼지 평균 오염도는 대부분 도시에서 개선됐다.

그런 점에서 대통령의 노후 석탄화력발전소 가동 중단 조치 발표 바로 다음 날 나온 JTBC 보도는 매우 유감스럽다. 그 보도 내용이 사실이어도 그러할진대 하물며 오보였으니 말할 것도 없다. JTBC는 앞의 오보 보도만이 아니라 다음과 같은 주장의 보도도 냈다.

> "어제(2017년 5월 15일) 문재인 대통령은 취임 이후 세 번째 업무지시로 미세먼지 대책을 발표했습니다. 그만큼 미세먼지로 겪고 있는 피해가 크기 때문이겠죠. 하지만 어제 말씀드린 대로 석탄화력발전소 가동 중지를 비롯한 국내 대책에 비해서 중국발 미세먼지에 대한 해법은 제시하지 못했습니다."

이런 보도는 손석희 앵커와 JTBC 〈뉴스룸〉이 석탄화력발전소 가동 중지를 비롯한 국내 오염물질 감축 대책을 중국발 미세먼지 유입을 못 막는 대책이라고 폄하하고 있음을 보여준다.

사실에 입각한 제언과 비판, 보도는 언론의 기본이다. 중국발 미세먼지의 영향이 한중 공동연구에 의해 밝혀졌으나 환경부가 이를 은폐한 듯이 보도한 JTBC 보도는 사실이 아닌 오보였다. 환경부는 한중 공동연구가 아니며 인터넷에 모두 공개된 연구 보고서라는 해명자료를 냈다. 그럼에도 JTBC는 이에 대해 한마디도 언급하지 않았다.

잘못된 해석이 뉴스가 되었을 때

: 중국발 미세먼지 '3만 조기 사망설' 《네이처》 논문 보도

2017년 3월 30일, 중국발 미세먼지 때문에 한국과 일본에서 조기 사망한 사람 수가 한 해에 3만 명이나 된다는 뉴스가 한국 언론을 뜨겁게 달궜다. 세계 최고 수준의 학술지인 《네이처》에 실린 논문이고 중국과 미국 등 학자들의 공동연구라고 보도되면서 영향력은 더욱 커졌다. 실제로는 22명 저자 중 18명이 중국 대학 소속이거나 중국 이름을 갖고 있는 연구자였고 3명은 캐나다 대학 소속이었다.

이 논문은 해외 언론에도 보도되었지만 한국 언론과는 진혀 다른 시각에서 다뤄졌다. 정작 한국과 함께 가장 큰 피해를 입은 것으로 보도된 일본에서도 특별한 관심을 보이지 않은 가운데 《마이니치신문》에서 단신으로 다뤘는데, 보도 내용도 원래 논문의 주제와 결론에 부합했다.

이 논문의 핵심 주제는 국제무역을 통해 대기오염이 세계적으로 다른 지역에 얼마나 큰 영향을 주는지를 건강 영향이라는 관점에서 대기 중 오염물질의 장거리 확산을 통한 영향과 비교 연구한 것이다. 즉 공해 배출 공장의 제3세계 이전으로 인한 환경오염의 전이, 국제무역시장에서 제품의 생산과 소비의 분화로 인한 선진국의 환경오염 부담 회피 등을 정량적으로 파악하기 위한 논문이다.

한국 언론의 입장에서는 중국이 한국에 미치는 영향이 가장 큰 관심사이므로 이 논문의 주제나 결론이 무엇인지는 중요하지 않았던 것 같다.

추정 방법

연구자들은 세계 228개국을 13개 지역으로 분류해 그 지역들 간의 영향을 분석했다. 중국, 인도, 러시아, 미국, 캐나다 등 인구나 면적이 넓은 5개국은 개별로, 그리고 다른 국가들은 서유럽, 동유럽, 라틴아메리카 등의 지역별로 묶었다. 우리나라는 일본, 북한, 몽골과 함께 중국을 제외한 동아시아 국가들이라는 의미의 '기타 동아시아 국가'로 분류되었다.

이 논문은 매우 많은 자료와 여러 개의 모델을 중첩해 사용한 복잡한 연구이다. 제품 생산으로 인한 오염물질의 배출량을 추계하는 모델, 제품의 국가 간 수출입 등을 파악하는 모델, 미세먼지의 확산을 추정하는 모델, 미세먼지의 건강 영향을 평가하는 모델 등이 집합적으로 사용됐다. 각 모델은 실제 상황을 단순화해서 추정하는 것인데, 이처럼 많은 모델이 중첩적으로 사용되는 연구에서는 실제 상황을 단순화하는 상당한 가정과 그로 인한 불확실성의 증가라는 문제를 피하기 어렵다.

이런 연구는 모델의 최종 결과와 수치를 상대적인 비교의 관점에서 이해하고 받아들여야지 그 숫자 하나하나가 마치 사실인 듯 인용하거나 과대해석하는 것은 논문의 본질적 목적이나 연구 결과의 가치와 내용을 제대로 이해하지 못했음을 의미한다.

조기 사망자 수

이 논문은 미세먼지(PM2.5)로 인한 조기 사망자 수를 2007년 기준 345만 명으로 추계했다. 이 숫자는 그동안 알려진 다른 연구들과 큰 차이가 없다. 참고로 세계보건기구는 2012년 370만 명으로 추계한 바 있다. 이 숫자는 한 해 동안의 전 세계 총 사망자 수인 5,600만여 명의 약 6.6%에 해당한다.

미세먼지로 인한 조기 사망자가 가장 많다고 추정된 국가는 중국으로, 전 세계 조기 사망자의 3분의 1에 가까운 119만여 명이었다. 그다음은 인도로 58만여 명, 기타 아시아 국가(주로 동남아시아 국가) 45만여 명, 중동 및 북아프리카 28만여 명, 동유럽 22만여 명, 서유럽 20만여 명 순이었다. 우리나라, 일본, 북한, 몽골이 포함된 기타 동아시아 국가는 8만 9,000여 명인데, 이들 4개국의 2013년 연간 총 사망자 수 173만여 명의 약 5%에 해당하는 숫자이다.

장거리 이동으로 인한 영향과 제품 생산으로 인한 영향 비교

미세먼지로 인한 전 세계 조기 사망자 중 12%인 41만여 명은 다른 지역으로부터 날아온 미세먼지의 영향을 받은 것으로 추정되었다. 가장 큰 피해를 본 지역은 기타 아시아 지역으로 10만 9,000여 명이었고, 다음으로 인도 6만 7,000여 명, 동유럽 6만 7,000여 명, 러시아 4만여 명, 중국 3만 5,000여 명 순이었다. 미국은 9,000여 명으로 다른 지역에 비해 훨씬 적었다.

우리나라가 포함된 기타 동아시아 지역은 3만 4,000여 명이었는데, 그중 대부분인 3만 400여 명이 중국발 미세먼지에 기인한 것으로 이 숫자가 우리나라 언론이 집중 보도한 내용이다. 이 3만 400여 명은 이 지역 전체 미세먼지로 인한 조기 사망자 8만 9,000명의 34%에 해당한다.

반면에 다른 나라에서 소비할 제품을 생산하느라 발생한 미세먼지로 인한 조기 사망자는 이보다 훨씬 많은 76만 2,000여 명으로 22%에 해당한다. 가장 큰 피해를 입은 국가는 중국으로 23만 8,000여 명이었고, 다음으로 기타 아시아 국가 12만 9,000여 명, 인도 10만 6,000여 명, 동유럽 9만 2,000여 명 순이었다.

자국 내 소비로 다른 나라에 영향을 미친 책임이 가장 큰 지역은 서유럽이었다. 다른 나라에서 17만 3,000여 명의 조기 사망 발생 원인을 제공한 것으로 추정되었다. 다음으로 미국 10만 2,000여 명, 기타 아시아 국가 8만 4,000여 명, 인도 7만 8,000여 명 순이었다. 기타 동아시아 지역은 다른 지역 5만 4,000여 명의 조기 사망에 책임이 있는 것으로 추정되었다.

오염수출국은 어디?

이 논문은 다른 나라로부터 받은 피해와 다른 나라에 준 피

해를 종합해 평가하기도 했다. 결과적으로 다른 지역에 오염
물질과 그로 인한 사망을 수출한 것과 마찬가지의 영향을 미
친 대표적인 오염수출국으로 미국, 서유럽, 기타 동아시아 국
가들을 지목했다. 기타 동아시아 국가로 함께 묶여 오염수출
국으로 표시되었지만 몽골과 북한은 과대평가되었다고 밝히
고 있으므로 구체적으로는 일본과 한국을 지목한 것이다.

이 논문의 결론은 미세먼지가 장거리 이동을 통해 다른 지
역에 미치는 영향보다 국제무역을 통해 다른 나라로 오염물
질 배출을 전이한 것의 영향이 훨씬 크다는 것이다. 논문의
핵심적 결론은 2007년 중국에서 발생한 미세먼지로 인한 조
기 사망은 서유럽과 미국 3,100명을 비롯해 전 세계적으로
6만 4,800명이지만, 서유럽과 미국에서의 소비 활동으로 중국
에서 발생한 조기 사망은 10만 8,600명으로 더 많다는 것이다.

그림5 붉은색이 진할수록 오염수출국이다. 서유럽과 미국 등이 가장 심하다. (출처: 《Nature》)⁹

해외 언론들은 모두 이 논문을 국제무역으로 인해 발생하는 대기오염의 지구적 문제라는 관점에서 보도했다. 사람들이 자기 나라에서 무심코 소비 활동을 하는 것으로 인해 개발도상국에서 미세먼지가 발생하고 그곳 국민들에게 건강상 큰 악영향을 주며, 또한 대기오염물질의 장거리 이동을 통해서 다시 자기 나라도 영향을 받을 수 있다는 것이다.

논문이 제기하는 논쟁

이 논문은 노골적으로 미국, 서유럽, 일본과 한국을 비난하지는 않는다. 그러나 기후변화 국제협약 등에서 중국을 비롯한 개발도상국들이 주장하는 논리에 근거한, 상당히 정치적이고 논쟁적인 주제를 학술적으로 문제 제기한다. 즉 전 지구적인 환경 문제의 본질적 원인은 미국, 서유럽, 일본, 한국 같은 국가들의 소비 활동에 있으며, 중국, 인도, 기타 아시아 국가의 환경오염은 지구적 관점에서 함께 책임져야 하는 문제라는 사실을 에둘러 표현하고 있다.

논문은 말미에서 오염물질 배출 국가들이 규제를 강화하고 오염물질 처리에 소요되는 비용을 가격에 반영해 전 세계 소비자들이 공동으로 부담하게 하는 방식이 효과가 있을 수도 있으나 그렇게 하면 이들 사업장이 또다시 규제가 낮은 다른 지역으로 이동하는 경향을 보일 수 있다고 지적한다.

그러면서 중국, 인도, 기타 아시아 지역이 오염물질 저감 기술을 발전시키도록 돕는 것은 해당 지역은 물론이고 전 세계적으로 건강에 도움이 된다고 주장한다. 아울러 오염 저감 노력과 국제무역을 통한 오염물질 누출을 줄이기 위한 국제 협력은 전 지구적 관심사여야 한다며 협력 방안을 제시하고 있다.

우리나라 언론들은 이 논문을 중국발 미세먼지가 우리나라에 피해를 주고 있음을 밝힌 논문인 것처럼 천편일률적으로 보도했다. 국민 정서를 감안해 그랬을 수도 있다. 그러나 이 논문의 주제와 결론에 맞는 정확한 정보를 시민들에게 제공하는 언론을 단 한 곳도 볼 수 없었던 것은 큰 실망이다.

논문이 상당히 난해하기 때문에 내용을 해독하기 어려울 수는 있다. 그러나 우리나라가 '한국, 일본, 북한, 몽골'이라는 지역으로 함께 묶여 있다는 사실은 쉽게 알 수 있는데, 왜 그런 기초적 사실까지 '한국과 일본'으로 바꿔서 기사를 썼는지는 이해하기 어렵다. 5분 이내에 인터넷에서 찾을 수 있는 논문인데, 과연 대충 훑어보기라도 하고 기사를 쓴 것인지 의심이 든다.

먼지, 더 작아지고 독해졌는가

: 미세먼지 오보의 생산과 확대

2018년 3월 26일 손석희 앵커가 진행하는 JTBC 〈뉴스룸〉
은 미세먼지 특집 기획을 통해 미세먼지 오염이 감소했다는
주장이 일부 있지만 PM2.5는 증가했으며 따라서 PM10 내
PM2.5 비율이 급속도로 높아지고 있다고 보도했다. 미세먼
지 전체 농도는 줄어들고 있지만 더 작아지고 독해졌다는 것
이다.

JTBC의 보도는 우리나라 미세먼지 오염이 지금이 최악임
을 과학적 수치에 근거해서 제시한 거의 최초의 주장이라고
할 수 있다.

JTBC 주장의 의문점

JTBC 보도는 PM10이 2002년 $76\mu g/m^3$에서 2017년에는 $44\mu g/m^3$까지 줄어들었다며 감소 추세에 있음을 인정했다. 정말 반가운 일이다. 그러나 1990년 우리나라는 PM2.5가 연평균 $26\mu g/m^3$으로 OECD 7위였는데, 이후 대부분 나라의 수치는 개선됐지만 우리만 $29\mu g/m^3$으로 증가해 오염도 순위가 2위로 뛰어올랐다고 설명했다.

우리나라가 OECD에 가입한 해가 1996년이라는 사실은 논외로 하더라도 JTBC 보도를 보면 몇 가지 의문이 든다. 환경부가 공식적으로 PM2.5를 측정하기 시작한 것은 JTBC도 보도에서 밝혔듯이 2015년이고, 서울시가 시범적으로 자체 측정을 실시한 것도 2000년대부터이다. 따라서 JTBC가 자료의 출처조차 밝히지 않고 제시한 1990년의 오염도가 과연 실제로 PM2.5를 측정한 결과인지 의문이다.

JTBC가 보도한 화면을 자세히 보면 알아보기 어렵게 처리됐지만, 1990년만이 아니라 1995, 2000, 2005년의 PM2.5 농도가 모두 $26\mu g/m^3$으로 동일하다는 점은 이런 의문을 더욱 증폭한다. 15년 동안 오염도가 동일하다는 우연이 과연 가능할까?

JTBC 〈뉴스룸〉은 뉴스 보도의 사실관계에 대한 의문이 제기되자 추후에 취재 설명서를 통해 1990, 1995, 2000, 2005년의 PM2.5 농도 $26\mu g/m^3$은 우리 정부가 보낸 실측치라고 주장했다. 그러나 직접 JTBC가 인용한 자료를 찾아 확인해보니 실측치가 아님은 물론이고 오염도의 변화를 판단하는 용도로는 사용할 수 없는 자료였다.

JTBC가 인용한 자료는 비영리 연구집단인 HEIHealth Effects Institute의 홈페이지 자료인데, HEI는 오염 자료를 직접 수집한 것이 아니라 단순히 자료를 도표화하기만 했을 뿐 PM2.5 자

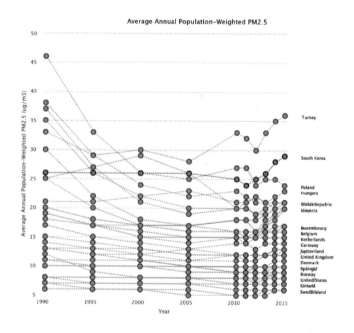

그림6 JTBC 윤정식 기자가 제시한 근거 자료의 원본.
1990, 1995, 2000, 2005년의 PM2.5 농도가 모두 $26\mu g/m^3$이다. (출처: HEI)[10]

료는 'Global Burden of Disease'라는 연구에 사용된 자료를 이용했다. PM2.5 실측치가 없는 국가가 많기 때문에 약 $11km$ $\times 11km$ 간격으로 인공위성 자료와 대기확산 모델global chemical transport model을 이용해서 PM2.5 값을 추정한 것이다.

우리나라는 1990년부터 2005년까지 유의미한 실측치가 없었기 때문에 연구자들이 추정값을 사용했고, 그래서 동일한 숫자로 나타난 것이다. 사실 이 내용은 이미 2017년 국내 언론에 보도되었다.

미세먼지가 독해졌다는 JTBC 주장의 문제점

JTBC는 이어서 미세먼지(PM10) 내 초미세먼지(PM2.5) 비율도 해마다 급증했다고 주장했다. 2015년 48%였던 것이 2016년 61%, 2017년 75%까지 올랐다는 것이다. 그런데 이 수치는 3월 26일이라는 특정일 하루의 값이다. 대기오염의 장기적인 변화를 매년 어느 특정일의 수치를 비교하는 것으로 판단할 수 있다는, 학술적으로는 정말 황당한 주장이다.

앞서 말한 대로 환경부가 PM2.5를 공식 측정하기 시작한 것은 2015년므로 3년 남짓한 자료로 우리나라의 전체적인 경향을 평가하기는 어렵다. 그러나 서울시는 2000년대 초반부

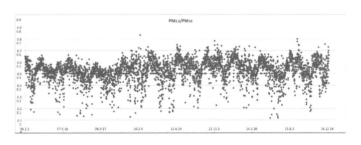

그림7 서울시 측정 자료를 이용해 산출한 PM10 내 PM2.5 비율의 일변화

터 시범적으로 자체 측정을 실시했고 연구자들이 그 자료를 입수할 수 있기 때문에 분석과 평가가 가능하다.

그림7은 2006년부터 2016년까지 11년 동안의 서울시 측정 자료를 입수해 PM10에 대한 PM2.5 비율의 일변화를 산출한 것이다. 그 변화의 폭이 최저 약 0.1에서 최고 0.8 이상으로 매우 크다는 사실을 알 수 있다. 대기오염물질의 배출량만이 아니라 대기 중 확산도를 결정하는 기상 상태가 시시각각 매우 달라지기 때문에 대기오염도의 일변화 폭은 매우 크다는 것은 이 분야에서 기초 상식이다.

JTBC 기자들이 이런 기초 지식을 갖췄다면 특정일 단 3일의 수치를 갖고 PM10 내 PM2.5 비율이 해마다 급증했고 그래서 미세먼지가 더욱 독해졌다고 보도하지는 못했을 것이다.

JTBC 주장과는 전혀 다른 실제 PM2.5

그림8과 그림9는 PM10 내 PM2.5 비율의 장기적 추세를 제대로 평가하기 위해 월별, 연도별 변화를 산출한 것이다. 일변화보다는 작아졌지만, 월별로도 0.4에서 0.65 사이의 상당한 변화의 폭이 있음을 알 수 있다. 그러나 연평균 값은 해마다 0.5 전후의 비슷한 값을 보이고 있다. 정밀 통계분석을 하면 그 값이 미세한 수준으로 증가하는 것으로 나올 수는 있지만, JTBC 보도처럼 PM10 내 PM2.5 비율이 해마다 급격하게 상승하고 있어서 미세먼지 농도가 감소하고 있음에도 더 나빠지고 독해진다는 주장은 전혀 사실이 아니다.

재미있는 사실은 그림8을 자세히 보면 알 수 있듯이 PM10에 대한 PM2.5의 비율이 여름에 가장 높고, 봄에 가장 낮다는 점이다. PM10에서 PM2.5를 제외한 부분을 영어로는 'coarse particles(굵은 먼지, 조대입자)'라고 부르는데, 도로, 흙, 꽃가루, 바다 등 자연발생원의 영향이 큰 먼지이다. 따라서 우리나라 봄철 미세먼지는 자연발생원에 기인하는 미세먼지의 영향이 상대적으로 크다는 뜻이다.

그림10의 서울시 PM2.5 오염도 일변화 자료를 보면 최근에는 현상 유지로 보이지만 지난 10년 동안 전체적으로 감소추세를 보이고 있고 고농도 현상도 점차 줄어들고 있음을 알

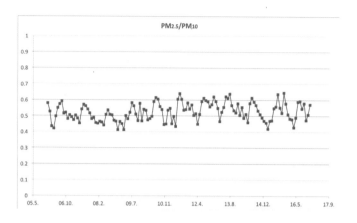

그림8 서울시 측정 자료를 이용해 산출한 PM10 내 PM2.5 비율의 월별 변화

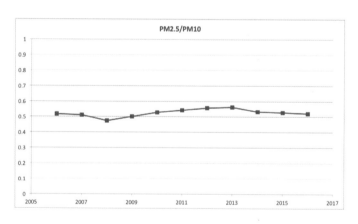

그림9 서울시 측정 자료를 이용해 산출한 PM10 내 PM2.5 비율의 연도별 변화

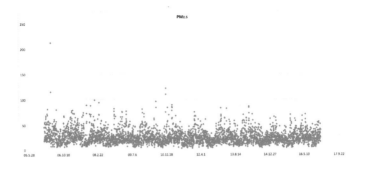

그림10 서울시 측정 자료를 이용해 산출한 PM2.5의 일변화 (단위: μg/㎥)

수 있다. 또 언론에서 2018년 3월 25일 PM2.5 오염도가 관측 사상 최대 수준이었다고 했지만 2006, 2010년 등 몇 차례 100 *μg/m³*을 넘는 고농도 현상이 있었음을 확인할 수 있다.

따라서 2018년 3월 말의 오염 현상이 예외적으로 높은 것은 사실이지만, '역대 최악'이라며 온 국민을 공포로 몰아넣는 언론의 호들갑까지 사실이라고 하기는 어렵다.

미세먼지 오염의 장기 추세조차 이해시키지 못하는 환경부의 무능

대기오염 분야에서도 예컨대 중국발 미세먼지 기여도를 산출하는 연구 분야는 상당히 난이도가 높다.. 더구나 중국의 협조도 없으니 그 분야에서 환경부나 국립환경과학원이 혼선을 일으키고 아직도 신뢰성 있는 결과를 내놓지 못하는 것을 답답하지만 이해해줄 수도 있다.

그러나 대기오염도 변화 추세는 상대적으로 가장 간단한 통계로 명확한 설명이 가능하다. 대기오염 자동측정망 가동을 시작한 것이 1983년이므로 대기오염 자료 축적은 무려 35년에 걸쳐 진행됐다. 그렇다면 우리나라 미세먼지 오염도가 지금이 역대 최악이 아니라는 사실 정도는 정부가 분명하게 국민에게 밝힐 수 있다.

그러나 환경부의 장차관과 그 어떤 공무원도 욕먹지 않으려고 그러는지 우리 국민의 오해에 대해 묵묵부답이고, 회피와 무대책으로 방관하고 있다. 그 때문에 환경단체와 일부 언론인이 지금이 과거보다 미세먼지 오염도가 낮다는 진실을 말하면 '중국 간첩이냐', '중국에서 얼마나 돈을 받아먹었느냐' 따위의 욕설을 듣는다. 국민에게 미세먼지와 관련한 기초적 사실도 해명하지 못하는 비겁함과 무능력으로 환경부가 어떻게 미세먼지 문제를 해결하겠다는 것인지 이해하기 어렵다.

미세먼지 오보를 생산·확대하는 언론

지속적으로 미세먼지와 관련해 오보를 생산하고 확대하고 있는 언론도 악의적인 의도로 그럴 리는 없다. 진정으로 국민 건강을 우려하는 마음이 지나쳐 그랬을 수도 있다. 하지만 그렇다고 기초적인 과학적 사실까지 왜곡하는 것이 용서될 수는 없다. 국민의 공포심만 높이고, 반면에 해결책은 막기 때문이다. 언론의 자각과 반성을 촉구한다.

4 부

공기는 왜 개인의
책임이 되었는가
: 공기가 모두의 것이 되려면

마스크는 미세먼지 대책이 될 수 없다

미세먼지 대책 하면 대개 마스크 착용을 제일 먼저 떠올릴 것이다. 환경부와 언론, 전문가를 자처하는 이들까지 입을 모아 미세먼지가 높은 날은 외출 시 마스크를 쓰라고 외치고 있으니 당연한 현상이다.

미세먼지 오염도가 높다는 예보가 나오면 마스크를 착용하는 사람들이 점점 늘고 있다. 마스크를 쓰지 않는 사람을 보고 건강에 무관심하다며 안타까워하기도 한다. 아이가 마스크를 쓰기 싫다고 하면 미세먼지가 얼마나 나쁜지 열심히 설명하며 거의 강제로 씌우는 부모들도 있다.

이들 중 어렸을 때 마스크를 쓰고 자란 사람은 없을 것이다. 그러나 공기 좋은 산촌에서 자란 경우가 아니라면 옛날이야말로 미세먼지를 비롯한 대기오염이 지금보다 훨씬, 그것도 몇 배 이상 심했다. 아마도 미세먼지가 얼마나 나쁜지 그때는 몰랐고 지금은 알았으니 아이 건강을 생각해서 억지로라도 마스크를 씌워야 한다고 믿는 것일 테다.

그렇다면 아이들은 왜 마스크를 쓰기 싫어할까? 두말할 필요 없이 불편해서 그렇다. 어른도 마찬가지이다.

일반 소비자용으로 변신한 산업용 마스크

우리가 과거에 흔히 쓰던 일반 위생 마스크는 청소할 때처럼 먼지가 많이 날 때나 꽃가루가 심할 때 쓰기도 하지만, 주로 감기 같은 병에 걸렸을 때 남에게 피해를 주지 않기 위해 착용하던 것이다. 기침이나 재채기를 통해 체액이 주변으로 퍼지는 것을 막기 위해서, 또는 손으로 입이나 코를 만지고 나서 다른 사람들에게 전파되는 것을 막기 위해서이다. 즉 남을 배려하는 용도라고 할 수 있다. 일상생활에서 마스크를 쓰고 다니는 모습을 서양인들은 신기해하기도 한다.

그런데 미세먼지에 대한 우려가 높아지면서 시민들이 보호구 역할을 해줄 마스크를 찾게 됐다. 미세먼지는 입자 크기가 매우 작아 기존의 일반 마스크로는 일부밖에 걸러지지 않는다는 사실이 회자됐다. 그래서 사람들은 산업 현장에서 노동자들이 쓰는 마스크를 찾았다.

마스크 기업은 제품을 선전하고 정부는 그것을 공인해주는 역할을 하면서 주로 산업용으로 사용하던 마스크(N95 등)가 졸지에 일반 소비자용 마스크가 됐다. 전 세계에서 산업용 마스크를 일반 시민들이 이렇게 많이 소비해주는 국가가 또 있을까? 아마 다국적 마스크 기업들은 한국에서 최고의 호황을 누리고 있을 것이다.

공기 중에 유해물질이 많은 사업장에서 일하는 노동자들이 착용하는 마스크는 아주 작은 입자까지 걸러줄 수 있어야 하고, 작업장의 유해물질이 유해가스일 경우에는 이를 흡착해서 제거하는 기능을 해야 한다. 이런 마스크들은 영어로는

그림1 산업용 방진 마스크

아예 'respirator'라고 해서 용어도 마스크와 구분해 사용한다.

미세먼지 제거율이 높을수록 건강에 해로운 역설

보건 마스크는 식품의약품안전처(식약처)가 인증해준다. 시중에 판매되는 'KF80'은 평균 $0.6\mu m$ 크기의 미세입자를 80% 이상 걸러낸다. 'KF94'와 'KF99'는 평균 $0.4\mu m$ 크기의 입자를 각각 94%, 99% 이상 걸러낸다. 그러니 숫자가 높을수록 좋은 것으로 여겨지기도 한다.

하지만 미세먼지 제거율이 높을수록 숨쉬기는 점점 불편해진다. 건강한 사람에게는 큰 문제가 아닐 수도 있다. 벗으면 증상이 사라지고 후유증이 남을 정도는 아니니 말이다. 하지만 질환자나 노약자, 임신부나 어린이는 어떨까? 마스크를 써서 숨이 차는 것이 건강에 괜찮은 걸까?

숨 쉬기 힘들어진다거나 냄새를 참기 어렵다거나 맛이 매우 이상하고 구토가 난다거나 몸이 춥거나 덥거나 떨리거나 하는 이상 증상들은 그러한 증상을 유발한 행위나 외부 자극이 건강에 해롭기 때문에 나타나는 현상이다. 우리 몸은 정직하게도 해롭다는 것을 분명하게 말해준다.

마스크 착용의 악영향을 지적하는 국제 사례

국제적으로 의학계나 보건 분야 정부기관에서는 미세먼지 오염 발생 시 마스크 착용을 권장하기보다는 오히려 제한하는 주의를 주고 있다.

1905년 창립해 1만 5,000명 이상의 의사와 과학자가 회원으로 있는 미국 흉부학회American Thoracic Society는 가이드라인을 통해 보호용 마스크 착용은 사람들을 숨 쉬기 힘들게 만들어서 육체적 부담을 주며, 1회 호흡량을 감소시켜 호흡 빈도를 증가시키고, 폐포와 폐에서의 환기를 감소시키며, 심박출량 감소와 같은 악영향을 줄 가능성까지 있다고 명확하게 밝히고 있다.

> 호흡보호구(N95 등급의 마스크)를 착용하면 호흡 저항, 사강死腔, 신체적 부하 등이 모두 증가할 수 있습니다. 마스크로 인한 흡기 및 호기 흐름에 대한 저항 증가는 1회 호흡량 증가, 호흡 빈도 감소 및 분당 환기 감소를 유발할 수 있으며 동시에 폐포에서의 환기 감소를 유발할 수 있습니다. (Increases in resistance to breathing, dead space, and physical load can all come about from the wearing of a respirator. The increased resistance to inspiratory and expiratory flow that a respirator imposes can cause an increase

in tidal volume, a decrease in breathing frequency, and a decrease in minute ventilation, with a concomitant decrease in alveolar ventilation.) -미국 흉부학회의 마스크 착용 주의사항[1]

이에 따라 미국 FDA^{U.S. Food and Drug Administration} 역시 만성 호흡기 질환, 심장 질환, 기타 숨 쉬기 어려운 의학적 조건이 있는 사람들은 N95 마스크를 사용하기 전에 의사 등 건강관리자들과 함께 확인하라고 밝히고 있다.

호흡 곤란을 일으키는 만성 호흡기, 심장 또는 다른 의학적 문제가 있는 사람은 N95 호흡보호구를 착용하기 전 의료기관에 확인해야 합니다. N95 마스크 착용으로 호흡하기가 더 어려워질 수 있기 때문입니다. (People with chronic respiratory, cardiac, or other medical conditions that make breathing difficult should check with their healthcare provider before using an N95 respirator because the N95 respirator can make it more difficult for the wearer to breathe.) -FDA의 마스크 착용 주의사항[2]

홍콩 의학회^{Hong Kong Medical Association}도 정부 당국과 함께 만든 「의사들의 지침서^{Guidance for Physicians}」[3]에서 노인과 만성 폐질환, 심장 질환, 뇌졸중 등의 질환이 있는 사람, 임신부 등은 이미 폐 용량이 감소해 있고 호흡에 문제가 있기 때문에 마스크 착용 시 불편함을 느끼면 사용하지 않도록 권하고 있다. 이런 사람들은 N95 마스크를 사용해도 되는지를 반드시 의사와 상담하도록 하고 있다.

만성 폐 질환, 심장병, 뇌졸중 같은 질병을 앓고 있는 사람과 노인, 임신부는 이미 폐 용량 감소나 호흡 문제가 있을 수 있으므로 불편함을 느끼면 마스크 사용을 중단해야 합니다. 그런 분들은 N95 마스크를 착용해도 되는지 의사와 상담해야 합니다. 보다 정교한 호흡보호구는 가스와 입자상 대기오염물질을 제거하는 데는 효과적이지만 호흡을 더 힘들게 합니다. 따라서 이런 호흡보호구는 어린이, 노인, 심장이나 호흡기 질환이 있는 사람, 임신부가 사용해서는 안 됩니다. (The elderly, people with illness(such as chronic lung disease, heart disease or stroke), and pregnant women may already have reduced lung volumes or breathing issues, they should stop using a particulate respirator if they feel uncomfortable. They should consult their doctors as to check whether they can use the N95 mask. In general, light and disposable respirator that comforms to repiratory protection standard may not be of appropriate size to fit children. For other more sophisticated repirators, while effective in filtering both gaseous and particulate air pollutants, they increase the effort of breathing. Therefore, they should not be used by children, elderly, people with existing heart or repiratory illnesses, and pregnant women.) -홍콩 의학회의 마스크 착용 주의사항

싱가포르 정부도 노인, 호흡기나 심장 질환자, 임신부는 착용 시 불편함을 느끼면 N95 마스크를 사용하지 말아야 한다는, 미국 FDA나 홍콩 의학회와 같은 내용을 권고하고 있다.

노인, 임신부 및 폐나 심장 질환을 앓고 있어 가만히 있을 때 또는 활동할 때 호흡이 곤란한 분들은 N95 마스크 착용 여부를 의사와 상담해야 합니다. 임신 2~3기 여성은 이미 폐 용량 감소나 호흡 문제가 있을 수 있습니다. 불편함을 느낀다면 N95 마스크 사용을 중단해야 합니다.(Elderly, pregnant women and people with severe lung or heart problems who have difficulty breathing at rest or on exertion should consult their doctor as to whether they should use the N95 mask. Women in the 2nd and 3rd trimesters of pregnancy may already have reduced lung volumes or breathing issues. They should stop using a N95 mask if they feel uncomfortable.) -싱가포르 정부의 마스크 착용 주의사항[4]

매우 예외적인 대한민국 환경부

우리나라 환경부는 이런 외국 사례와는 전혀 다르게 모든 사람에게 무차별로 시도 때도 없이 마스크 착용을 권고하고 있다. 마스크 검증 책임을 맡고 있는 식약처 역시 마찬가지이다. 이들을 보면 작업환경을 개선할 생각은 하지 않고, 노동자들에게 보호구 착용만을 강요하는 악덕 사업주나 관리자가 떠오른다. 대기질 개선을 위한 노력은 기울이지 않고, 오히려 국민을 위험에 빠뜨릴 수 있는 권고나 하고 있는 것으로 보이기 때문이다.

정말로 공장도 아닌 일반 환경에서 모든 국민이 마스크를 착용해야 할 정도로 대기질이 나쁜 상황이라면, 수단과 방법을 가리지 말아야 할 긴급상황이다. 실제로 그런 상황이 오면 환경부 장관 정도가 아니라 책임 있는 부처 장관은 모두 사퇴해야 할 만큼 사태가 심각한 것이다.

반면 그런 정도까지 대기질이 나쁜 것도 아닌데 마스크 사용 권고를 남발하고 있는 것이라면, 환경부는 국민을 겁주면서 마스크 기업의 판촉과 홍보 대행 기관 역할을 충실히 하고 있는 셈이다.

환경부와 언론은 PM2.5 오염이 $35\mu g / m^3$만 넘어도 '나쁨' 단계이니 마스크를 꼭 착용하라고 권고한다. 미세먼지 오염

그림2 환경부의 마스크 착용 홍보자료

과 관련해 마스크 착용을 명시적으로 권고하는 국가로는 우리나라 외에 싱가포르가 있다. 그러나 싱가포르 환경청은 PM2.5 오염이 24시간 동안 $250\mu g/m^3$ 이상으로 매우 특별하게 높을 때에만, 그것도 'N95 마스크를 착용하면 노출을 줄일 수도 있다'라며 강요하지 않는 것은 물론이고 효과를 확신하지 않는 표현을 사용하고 있다. 오히려 등하교나 출퇴근 또는 버스 정류장에서 쇼핑몰에 가는 것과 같은 단시간 외부 노출, 그리고 실내에 있을 경우에는 착용할 필요가 없다고 명확하게 밝히고 있다. 우리하고는 천지 차이다. 우리가 싱가포르 환경청 기준을 그대로 따를 필요는 없지만, 어쨌든 싱가포르 환경청 기준으로는 우리나라에서 국민들에게 마스크 착용을 강권해야 하는 날은 거의 없다.

N95 마스크는 집에서 학교 또는 직장으로의 통근이나 버스 정류장에서 쇼핑몰에 가는 것과 같이 짧은 시간의 노출에는 필요하지 않습니다. N95 마스크는 실내 환경에서도 필요하지 않습니다. 대기질이 위험한 범위(PSI>300)일 때 여러 시간 동안 야외에 있어야 하는 건강한 사람의 경우에는 N95 마스크를 착용해서 노출을 줄일 수도 있습니다. (N95 masks are not needed for short exposure, like commuting from home to school or work, travel from bus-stop to shopping mall. N95 masks are also not needed in an indoor environment. A healthy person who has to be outdoors for several hours when the air quality is in the hazardous range(PSI>300) may reduce exposure by wearing a N95 mask.)

－싱가포르 환경청의 마스크 착용 권고사항

마스크 착용 인증샷

국제 학계나 다른 나라 정부와는 대조적으로 우리나라 미세먼지 담당 부처인 환경부는 마스크의 효용에 대해 확신에 찬 입장을 취하고 있기 때문에 언론 역시 아무런 의심 없이 다른 나라에서는 주의하라는 임신부나 노약자에게도 겁을 주며 마스크 착용을 강권하다시피 하는 기사를 내보내고 있다.

마스크 제조·판매 회사 역시 취약집단에 대해 아무런 주의사항을 주지 않고 있고, 기껏 적어놓은 주의사항이란 것이 '수건, 휴지 위에 착용하지 말라', '세탁하여 사용하지 말라'라는 내용이다. 정부 인증을 받았으니 아무 염려도 하지 않고 있을 것이다. 지자체 역시 시민들에게 마스크를 나눠주는 것을 미세먼지 주요 대책이라고 하고 있다. 부작용은 전혀 언급하지 않고 친환경을 외치던 가습기 살균제 판매 회사, 그들을 방치했던 정부기관들이 떠오른다.

그렇다면 마스크를 착용하는 대신에 할 수 있는 것은 무엇일까? 미국을 비롯해 미세먼지 고농도 시 시민 행동요령을 제시하는 많은 국가들은 오염 수준에 따라 단계적으로 신체 활동의 강도나 시간을 줄여 나가도록 권고하고 있다. 예를 들어 등산이나 조깅을 산책으로 바꾸거나 하루 종일 등산하는 대신 2시간의 단기 산행으로 줄이는 방식이다. 활동 강도에 따라 호흡량이 급격히 증가하고 그럴 경우 오염물질 흡수량에 차이가 발생한다는 의학적 사실에 입각한 권고이다. 마스크와는 달리 몸에 전혀 해롭지 않으면서도 오염물질 노출을 줄일 수 있는 슬기로운 방법이다.

강연할 때 자주 하는 말이 있다. "마스크는 개인의 선택에 따라 쓰는 개인 보호구이기 때문에 무조건 쓰지 말라고 강요할 수는 없다. 마스크를 착용해도 불편함이 없고 심리적으로

나마 안정이 된다면 착용하는 것도 좋다." 다만 임신부나 심
장이나 폐 등에 질환이 있는 사람, 그리고 노인들은 날짜와
함께 마스크를 착용한 모습을 꼭 찍어놓으라고 권한다. 나중
에 마스크 착용이 오히려 더 해로울 수 있다는 사실에 대한
공감이 우리 사회에서도 확산되고 나면, 그동안 국민을 속인
언론사, 환경부와 식약처, 그리고 마스크를 권했던 전문가들
과 마스크 판매 회사들을 상대로 집단 소송을 할 수 있을 것
이다. 환경부나 언론의 권유는 뉴스 검색 등으로 증명할 수
있겠지만, 개인적으로 마스크를 썼다는 증명이 필요할 테니
그에 대비하자는 제안이다.

국민들이 환경부나 언론이 말하는 대로 고분고분 마스크
를 쓰고 고통을 감수해서는 안 된다. 대신 미세먼지 오염이
국민 건강에 악영향을 주니까 정부와 오염을 발생시키는 원
인 제공자들에게 환경을 개선하라고 요구해야 한다. 우리 몸
은 마스크를 써도 아무 문제가 없도록 진화하지 않았다. 마
스크는 미세먼지의 해결책이 될 수 없기 때문에 미세먼지 발
생을 줄여서 깨끗한 공기를 되찾아야 한다.

마스크는 일회용품이고 재활용과 재사용이 되지 않기 때
문에 모두 소각된다. 다시 미세먼지의 원인이 되는 것이다.
이런 아이러니가 또 있을까 싶다.

차량 2부제는
미세먼지 대책이 될 수 없다

미세먼지는 단기 대책보다는 근본적인 장기 대책에 역점을 두고 추진해야 한다. 실제로 거의 모든 국가가 그렇게 하고 있다. 그런 점에서 최근 갑자기 일부 전문가와 환경단체까지 나서서 고농도 미세먼지 오염 시 대책으로 차량 2부제를 주장하고, 미세먼지 관리의 총 책임자라 할 수 있는 환경부 장관까지 부화뇌동하는 상황을 보면 놀랍기까지 하다.

과거 여러 개발도상국에서 실행했던 사례를 봤을 때 차량 2부제는 단기 행사용이면 모를까 이미 실효성이 없는 것으로 입증된 정책인데, 21세기 대한민국에서 마치 도깨비방망이인 양 다시 등장하는 것이 당황스럽기 때문이다.

차량 2부제의 사례

벤치마킹 사례로 내세우는 프랑스 파리의 차량 강제 2부제
는 20여 년 가까이 한 번도 실행하지 않다가 최근에 몇 차례
실행하면서 화제가 됐지만, 여론도 좋지 않고 비판도 많아서
바로 중단되었다. 파리는 대중교통 체계를 잘 갖춘 도시였으
나 최근 자동차 수요 관리에 실패하면서 80%가 '나홀로 차
량'일 만큼 개인용도 차량이 급증하고 있다. 이에 따라 미세
먼지와 질소산화물 등의 대기오염도 급증해 유럽에서 문제
도시로 떠오르고 있다.

파리는 차량 강제 2부제를 폐기하는 대신 오염 발생이 높
은 차량을 스티커로 구분해 운행을 규제하는 등의 조치를 추
진하고 있으나 이 또한 아직 혼선을 겪고 있다. 그나마 파리
의 행정가들은 이런 혼란을 겪으면서 차량 수요를 절반으로
줄이겠다는 목표 의식을 갖게 되는 등 빠르게 정책 방향이
제자리를 찾아가고 있다.

일각에서는 우리나라도 차량 강제 2부제를 도입해야 한
다고 주장하는데, 시행착오적 정책인 줄 모르고 마치 대단한
선진 정책으로 착각한 데서 비롯한 해프닝이다. 실제로 차량
강제 2부제를 실행하고 있는 도시로는 최근 실행하기 시작한
인도의 델리 정도가 있다. 또한 2012년 올림픽 당시 중국 베

이징, 대기오염이 극심했던 시절의 그리스와 멕시코, 그리고 멕시코의 영향인지 중남미 도시 일부에서 잠시 실시한 사례가 있는 정도이다. 멕시코시티 등에서는 평상시 차량 2부제까지 실행해보기도 했지만 임시 조치로 실행하는 것에 비해 효과가 좋지는 않았다. 부유층을 중심으로 차량을 여러 대소유하게 만들어 또 다른 문제를 일으킨다는 사실 등을 경험하면서 차량 2부제는 이미 오래전에 폐기 처분된 정책이라고 해도 과언이 아니다.

차량 2부제의 한계

우리나라도 1988년 서울 올림픽 당시에 차량 2부제를 처음 실시했다. 나 또한 서울 올림픽 대기관리 대책을 수립하면서 그 효과를 추정해 제시한 경험이 있는데, 차량 2부제는 오염이 심해지기 전에 미리 실시하고 기상 조건이 악화되지만 않는다면 당연히 단기적인 효과가 발생한다.

그러나 이런 조치는 대기오염을 줄이기 위한 대책들이 아직 충분하게 정착되지 못해서 오염 수준이 매우 높지만, 사상 처음 국내에서 열리는 올림픽 같은 중요한 국제 행사는 잘 치르기 위해서 국민의 불편을 무릅쓰고 협조를 구해 단기간 실시하는 비상조치이다. 비유하자면 집에서 매우 중요한 손님을 맞기 위해 부랴부랴 대청소하고 그것으로 부족해 아이들이나 거추장스러운 물건들은 잠시 친척 집에 보낸 꼴이다. 이런 성격의 차량 2부제를 효과나 부작용도 생각해보지 않고 수시로 강제로 실시하자고 하는 것은 시대착오적이거나 아니면 대기오염 관리 정책에 대한 무지함을 드러내는 주장일 따름이다. 미세먼지 오염을 근본적으로 줄일 생각은 안 하고 그저 땜질식 임시방편만 제시하는 행태인데, 정부가 시키면 그대로 따라야 한다는 식으로 국민 알기를 우습게 여기는 사고방식의 소산이라고도 볼 수 있다.

이제는 집을 늘 깨끗하게 유지해야만 할 때가 됐다. 손님맞이가 아니라 가족들의 건강 보호가 목적이어야 한다. 그러려면 평상시 환경의 질을 깨끗한 수준으로 유지해야 한다. 구시대 유물 같은 대책을 다시 꺼내 논란을 일으키는 사람들이 누구이고, 무슨 목적으로 그러는지 궁금하다.

누구를 위한 차량 2부제 주장인가

지금 우리나라 미세먼지(PM10) 평균 오염도가 $50\mu g/m^3$ 이하로 내려갔다고 해서 문제가 해결된 것은 결코 아니다. 보건학적으로 문제가 없으려면 평균 오염도를 절반 가까이 더 줄여야만 한다. 그러기 위해서는 특정일만이 아니라 평소의 차량 통행량을 절반으로 줄이려는 노력이 필요하다. 평소의 대중교통 분담률은 훨씬 높이고, 반면 승용차 이용률은 절반 이하로 낮추는 정책을 실행해야 한다. 차량 통행량을 줄이는 정책은 미세먼지뿐 아니라 질소산화물과 오존 등 대기질 전체의 개선을 가져오므로 매우 바람직한 정책이다.

담당 공무원들도 이런 기본 상식을 모를 리 없을 텐데 서울시가 고농도 오염 시 차량 강제 2부제를 주장하는 데에는 이전의 엉뚱하고 잘못된 대중교통 무료 정책의 실패를 희석하려는 정치적이고 불순한 의도가 있는 것은 아닌지 의심스럽다. 취지는 좋아도 구체적 방안은 일부 잘못되었을 수 있고, 그렇다면 수정해나가면 된다. 그러나 정책의 실수를 인정하지 않기 위해 꼼수를 쓰려다가는 사태를 더 악화할 수 있다. 차량 강제 2부제는 오히려 반드시 시행되어야 할 차량 수요 관리 정책에 대해 시민들의 반감만 불러일으키는 원인이 될 수도 있다. 설사 특수한 상황 때문에 차량 강제 2부제 같은 극단적 방법을 반드시 사용해야만 하더라도 출퇴근 시간 조정이라든가 통근 차량 비상 증차 등 시민 편의를 보장하는 조치가 당연히 동반돼야 한다.

하지만 서울시 대중교통 무료 조치를 실시한 3일 동안에도 그랬듯이 차량 강제 2부제를 주장하면서도 이런 전제 조치에 대한 언급은 찾아볼 수 없었다. 과연 출퇴근 시간에 대중교통을 이용해보긴 했는지 의구심이 들 정도로 실제 상황에서 발생할 수 있는 문제에 대해 얼마나 무지한지를 잘 보여주는 예이다. 차량 강제 2부제가 법제화되면 검토하려고 했다고 변명할지도 모르겠지만, 그런 조치는 사전에 확보해야 할 조건이지 나중에 검토할 사안이 아니다. 시민은 실험 대상도 장기판의 졸도 아니다.

일단 대기 정체 상태가 계속되어 대기오염도가 크게 높아지면 사람의 힘으로는 되돌리기 극히 어렵다. 기상 상태가 바뀌어서 바람이 불거나 비가 오거나 대기 확산이 잘되기를 기다리는 수밖에 없다. 즉 고농도 오염 현상이 발생했을 때 실시하는 갑작스러운 차량 강제 2부제 같은 조치로는 실질적인 오염 저감 효과가 거의 없다. 더구나 지난번 서울시 대중교통 무료 조치 때에도 봤듯이 국립환경과학원의 미세먼지 예상 오염도 자체가 틀리기 일쑤인데 예보에 따라 차량 2부제를 강제로 실시한다면 얼마나 큰 혼선이 빚어질지 눈에 선하다. 또한 서울시가 차량 강제 2부제가 필요한 날이라고 주장하는 오염 농도가 과연 시민 불편을 감수하면서까지 극단적 비상조치가 필요한 오염 수준인지는 전 세계 그 어떤 대기오염이나 환경보건 전문가로부터도 동의를 얻기 어려울 것이다.

대중교통 혁신을 통한 교통량 반감이어야 한다

특정일에 차량 운행을 줄이려고 노력하는 것보다 평상시 승용차를 이용한 출퇴근을 줄이려는 대책이 제대로 된 정책이다. 그래야 국민 건강 보호 효과도 제대로 거둘 수 있다. 지자체장들이 승용차 사용을 줄이기 위한 대중교통 활성화 노력은 거의 하지 않다가 갑작스럽게 차량 2부제 같은 엉터리 정책을 들고나오는데, 이는 그만큼 대기오염 정책에 대한 이해나 역량이 없음을 스스로 입증하는 꼴이다.

대중교통이 승용차보다 훨씬 시간이 절약되고, 경제적이며, 정시에 도착할 수 있는 도시로 만들어 시민들이 자연스럽게 출퇴근용 개인 승용차를 포기하게 만드는 것은 이미 수많은 선진 도시에서 성과가 확인된 정책이다. 그것은 미세먼지만이 아니라 온실가스 감축, 에너지 무역수지 개선, 걷기를 통한 개인 건강 증진 등 두루두루 좋은 정책이기도 하다. 왜 그리고 무슨 오기로 옳은 길을 회피하고 거짓과 야합하는 험한 길을 가려고 하는가?

미세먼지 측정망의
문제가 아니다

대한민국 국민 상당수가 매일같이 또는 하루에도 몇 번씩 확인하는 미세먼지 오염도는 정부가 전국의 대기오염 측정망에서 실시간으로 측정해 공개하는 수치이다. 정부 자료를 신뢰하지 못하겠다며 해외에 기반을 두고 있는 웹사이트나 앱이 제공하는 수치를 확인하는 이들도 있다. 그러나 그 역시 우리나라 측정망 자료를 그대로 사용하거나 가공한 것이다. 대한민국의 미세먼지 오염도를 실시간으로 계속 측정하고 있는 곳은 오직 우리나라 대기오염 측정망밖에 없고, 그밖에 기술적으로 가능한 다른 방법도 없기 때문이다.

대기오염 측정망은 미세먼지를 비롯한 대기오염물질을 장기적이고 체계적으로 측정하는 시스템으로, 대기질의 변화 추세를 추적하고, 대기질 개선을 위해 실시한 환경 관리나 정책의 성과를 평가하기 위한 것이다. 대기오염물질의 농도는 공기라는 매체의 특성상 수치가 시시각각 변하고 기상에 따른 일변화가 극심하기 때문에 다른 환경매체의 측정망과 달리 1년 내내 하루 종일 측정한다. 연중 쉬지 않고 길게는 수십여 년이란 장기간에 걸쳐 측정하려면 장비, 시설, 인력 등 기술적 능력과 그에 수반되는 막대한 비용이 필요하다. 하지만 무엇보다도 측정값의 성격이나 신뢰도가 바뀌지 않게 일관성과 안정성을 잘 유지하는 것이 가장 중요하다.

우리나라는 1983년경부터 대기오염 자동측정망 가동을 시작해 지금까지 약 35년의 역사를 이어오고 있다. 그런데 장기간 안정적으로 운영되어온 대기오염 측정망이 최근 심각한 위협을 받고 있다. 대기오염 측정망에 대한 이해가 부족한 여러 주장이 측정망의 근간을 흔들고 있다. 측정소나 공기 시료 채취 위치가 부적합하니 바꾸라고 압력을 가하는 정치인이나 시민단체, 이런 잘못된 요구나 지적을 무비판적으로 확대 재생산하는 자칭 전문가들과 언론이 그 주인공이다. 이들에게 제대로 해명과 설득을 하지 못하는 환경부의 책임역시 무엇보다 크다.

측정소 수가 부족하다?

우리나라의 대기오염 측정망은 2016년 말 현재 국가 측정망 154개소, 지자체 356개소 등 총 510개 측정소가 운영되고 있다. 이 중 도시대기 측정소는 264개소이고, PM2.5 측정장비가 설치된 곳은 191개소이다. 인구수나 국토 면적 등을 고려할 때 다른 선진국과 비교해도 결코 적은 숫자는 아니다. 측정망의 측정 지점 숫자가 많을수록 무조건 좋다고 생각할 수 있지만, 대푯값과 장기간의 추세를 파악하는 것이기 때문에 반드시 그렇지는 않다. 측정망 설치와 운영에는 막대한 비용이 소요되므로 대표성 있는 장소를 잘 선택해서 적은 수의 측정소로도 목적을 달성할 수 있다면 가장 좋다.

미세먼지에 대한 관심이 높아지면서 측정소 설치를 요구하는 목소리가 곳곳에서 높아지고 있다. 예산이 부족해 꼭 필요하지만 설치하지 못한 곳에는 추가로 설치할 필요가 있다. 그러나 가까운 지역에 측정소를 중복해서 과도하게 늘리면 비용만 증가할 뿐 실제 측정 자료의 효능에는 차이가 없어 예산 낭비로 직결된다. 대기오염 측정망을 설치하거나 숫자를 늘린다고 해서 미세먼지 오염도가 줄어들지는 않으므로 불필요한 측정소를 늘리는 대신 그 예산을 대기오염물질을 줄이는 데 사용하는 편이 백번 낫다.

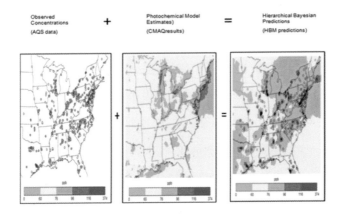

Observed Concentrations (AQS data) + Photochemical Model Estimates) (CMAQresults) = Hierarchical Bayesian Predictions (HBM predictions)

그림3 PM2.5 실제 측정 자료와 측정소가 없는 지역에 대한 추계값을 이용해 전국 오염도를 제공하는 미국. 대기오염 추계 모델은 이런 데 사용해야 하는 것이다.

미국처럼 대기오염 관련 예산이 우리와 비교되지 않을 만큼 많은 국가에서도 과도하게 밀집해서 측정소를 설치하지 않고, 또 인구가 적은 곳 등에는 측정소를 설치하지 않는다. 대신 모델 추정치를 측정값으로 보정하여 모든 지역의 오염도를 추정하는 방식을 사용한다. 우리보다 인구수는 약 6배, 국토 면적은 약 100배인 미국의 PM2.5 측정소는 약 960개로 알려져 있다. 우리나라의 191개와 비교해보면 어느 정도인지 가늠할 수 있을 것이다.

측정소 위치를 바꿔야 한다?

지역마다 측정소 위치가 부적절하다며 변경을 요구하는 목소리가 많다. "가장 오염이 심한 곳에서 측정하지 않는다", "사람들이 실제 호흡하는 공기와 다르다" 등 이유도 가지가지이다. 측정소는 대기오염 측정망의 설치 목적과 효능에 맞춰 그 지역의 공기 질을 대표할 수 있는 곳에 설치해야 한다. 보통 좌표나 인구수 등을 고려하여 「공정시험법」에 따라 객관적 방법으로 선정한다. 특정 오염원이나 이동하는 오염원의 영향을 많이 받아 측정값의 변동이 너무 큰 곳은 피해야 한다. 또한 장기간 가동해야 하기 때문에 안정적으로 운영할 수 있는 건물을 선택할 수밖에 없다.

대기오염 측정망의 기본 원칙이 체계적으로 장기간 측정하는 것이므로 당연히 측정 위치는 고정하는 것이 원칙이다. 측정 위치를 바꾸면 장기간에 걸쳐 자료를 축적해온 효과가 사라지고, 그 측정소는 측정을 처음 시작하는 신설 측정소나 마찬가지가 돼버리고 만다.

미세먼지의 경우는 아니지만, 측정소 위치 변경으로 기온 자료의 연속성이 문제가 돼서 기후변화를 둘러싼 학술적 논쟁을 혼란케 한 사례가 있다. 제2차 세계대전 이후에 급감했던 말라리아가 1970년대 이후 케냐 등 아프리카 동부 지역에서 다시 급증하자 기후변화가 그 원인인지에 대해 학자들 간의 오랜 논쟁이 벌어졌다. 그런데 말라리아의 세계 최고 권위자라고 할 수 있는 학자가 이 지역에서는 기온 상승이 없었으므로 기후변화는 이 지역의 말라리아 급증과 관련이 있을 수 없다는 논문을 《네이처》에 게재했다.[5]

그러나 몇 년 뒤, 기상관측소를 고도가 높은 곳으로 이동하는 바람에 이 지역의 기온이 상승하지 않은 것처럼 보였음을 확인하고, 새로 보정한 기온 자료를 활용해 이 지역의 말라리아 환자 급증과 기후변화가 관련이 있음을 확인한 반박 연구 결과가 발표됐다.[6]

장기간의 변화를 추적하는 측정망의 경우에는 설사 측정망이 다소 부적합한 곳에 설치되었더라도 위치를 비꾸면 자료 해석에 큰 문제를 일으킬 수 있다. 따라서 설치한 지 이미 상당 기간이 지났다면 위치를 바꾸지 않는 편이 훨씬 낫다. 불가피하게 측정소를 폐쇄하거나 이동할 경우에는 그전까지 유지하던 측정망 자료와의 일관성에 손상이 가지 않도록 세심한 검토를 거쳐 실시해야 한다.

대기오염 측정망은 어떤 특수한 상황이나 특정 오염원에 따른 영향을 평가하기 위한 시설이 아니다. 그런 것이 필요하면 별도의 대기오염 측정장비나 이동 측정장비 등을 이용해 단기적으로 측정하면 된다. 그런 방식이 다수의 지점에서 조사 목적에 따라 융통성 있게 측정할 수 있기 때문에 훨씬 도움이 된다. 이런 방법이 별도로 있음에도 대기오염 측정망과 대기오염 조사를 혼동해서 측정망 위치를 바꾸자는 것은 결과적으로 측정망을 훼손하자는 주장인 셈이다.

공기 채취 높이를 낮춰야 한다?

미세먼지 측정소의 공기 채취구가 높은 곳에 있기 때문에 사람들이 지표면에서 호흡하는 공기와 농도가 달라 부적합하며, 따라서 공기 채취 높이를 낮춰야 한다는 주장이 있다. 이

그림4 개별 미세먼지 오염도 조사를 위해 사용하는 시료 채취 장비는 따로 있다.

역시 대기오염 측정망에 대한 이해 부족에서 비롯한 주장이다. 노동자들이 일하는 작업장의 경우에는 노동자들의 개별 노출값이 중요한 의미를 갖는다. 그래서 노동환경 측정에서는 주로 호흡 위치에 채취구를 위치시킨 개인 시료 포집 방식을 많이 활용한다.

대기오염 측정망은 수십만 명에 이르는 주민들이 거주하는 상당히 넓은 지역의 대푯값을 대상으로 한다. 개인 노출 시료의 값은 연구용으로 일부 측정할 수는 있어도 애초에 전혀 다른 개념의 자료이다. 공기 채취 높이를 낮추자고 주장하는 사람들도 이런 기초적인 내용조차 모르고 작업장에서 개인 노출 시료 채취하듯 사람 호흡 위치로 낮추자고 주장하는 것은 아닐 테다.

지금까지 미세먼지로 인한 건강 영향을 규명하고 기준을 설정한 역학조사들은 모두 지역의 미세먼지 오염도 대푯값을 이용한 것이지 호흡 위치에서 측정한 자료가 아니다.

대기오염 측정소에 대한 상세 규정에는 공기 채취구 높이에 대한 가이드라인이 있는데, 지상 $1.5m$에서 $10m$ 또는 $20m$ 등으로 설정되어 있다. 너무 낮아 지표면과 가까우면 도로에서 발생하는 먼지의 영향을 많이 받고, 반면에 너무 높으면 실제 우리 생활에 영향을 주는 공기가 아닐 수 있기 때문에 그 사이를 권장한다.

거의 모든 도시가 차량 통행이 많기 때문에 배기가스의 간섭을 피하려면 너무 낮은 위치에 공기 채취구를 둘 수 없다. 또한 측정소는 장기간 운영해야 하기 때문에 그럴 수 있는 건물이나 위치를 확보하는 것이 가장 결정적 요인이 된다. 그렇다 보니 불가피하게 고도가 다소 더 높은 경우도 발생한다. 그리고 고층 건물에 주거하는 주민들도 많고, 우리나라처럼 산지가 많은 나라는 도로에서의 고도 차이가 실제 절대 고도와 일치하는 것도 아니다. 따라서 $10m$, $20m$ 같은 수치가 무슨 절대적 수치인 양 생각하는 것은 과도한 집착에 불과하다.

처음 측정소를 설치할 때 최적의 장소를 찾는 노력을 기울여야 하는 것은 당연한 일이다. 하지만 정부가 전문적 검토를 거쳐 일단 장소를 정하고 오랜 기간 운영한 측정소라면 측정 위치를 크게 변경하는 것은 측정소 위치 자체를 바꾸는 것과 동일한 결과를 불러오므로 해서는 안 된다.

선무당이 사람 잡는다

미세먼지 측정망에 대해서는 유별나게 비전문가들이 위치 수정 등 온갖 간섭을 일삼는다. 처음 측정망을 구축하던 1980

년대에는 측정소 위치 선정에 대한 논란이 심했다. 환경단체나 전문가들이 잘못 설치된 위치를 지적하고 수정을 요구하는 운동도 많이 했다.

그러나 지금은 대기오염 측정망이 상당 기간 가동됐고 측정 자료의 질도 안정화돼서 국제적으로도 우수성을 인정받는 수준이다. 신설 측정소의 위치를 선정할 때도 「공정시험법」 등에 따라 대표성이 있는 곳의 적절한 건물에 설치하는 등 규정대로 운영되고 있다.

이렇게 수십 년 동안 안정적으로 운영되고 있는 측정망을 두고 정치인이나 일반인이 극히 전문적인 내용까지 간섭하고 혼선을 일으키며 압력을 가하는 것은 적절치 못하다. 짧은 지식을 토대로 특수한 목적이나 상황을 일반화시켜서 잘 가동되고 있는 대기오염 측정망에 손대려고 하는 것은 빈대 잡으려다 초가삼간 태우는 격이다. 선무당이 사람 잡는 격이고, 국가 통계를 훼손하며 국익에 막대한 손실을 입히는 처사이다.

측정소 위치를 바꿔 미세먼지 오염도 측정값이 갑작스럽게 변화하면 오염도 변화 추세를 제대로 판단할 수 없음은 물론이고, 오염도 변화에 따른 사망률이나 유병률 등의 변화를 파악하는 역학연구가 불가능해진다. 결과적으로 대기오염 측정망의 연속성과 안정성을 해치는 행위가 된다.

환경부 반응은 설상가상이다. 환경부의 해당 관리들은 측정망의 의미를 잘 알고 있을 테니 정치권의 부당한 간섭이나 이해가 부족한 시민들의 요구에 대응하여 측정망의 의미를 제대로 설명하고 설득하려는 노력을 해야 한다. 담당 관리들이 힘에 부치면 환경부 장관이 나서서라도 해명하는 것이 마땅하다.

그런데 환경부의 대기오염 측정망 향후 추진 계획을 보면, 현재 510개 측정소 중 52개소만 골라서 장기적 변화를 파악하는 추이측정소로 두겠다고 한다.[7] 대기오염 측정망은 기본적으로 모든 측정소가 추이측정소여야 한다. 당최 무슨 소리를 하는 것인지 모르겠다.

환경부는 "측정소의 잦은 신설, 이전 등으로 인하여 대기오염물질 변화 추이가 다르게 나타날 수 있기 때문에 추이측정소를 지정하여 위치 변경을 제한하고, 장기 추세/정책 효과 분석에 활용하겠다"라고 밝히고 있다. 측정소를 신설했다고 기존의 측정소 모두를 추이측정소로 운영하지 못한다는 것은 애초에 말이 안 되므로 거론할 가치도 없다.

그렇다면 지금까지 측정소 위치를 수시로 바꿔왔다는 뜻이거나, 아니면 정치권과 언론의 지적이 있으니 앞으로는 52개소를 제외하고는 측정소 위치를 수시로 혹은 정치권이나 언론의 지적에 따라 바꾸겠다는 의미일 것이다. 전자라면 지금까지 환경부와 지자체가 발표해온 대기오염 측정망 자료의 연속성과 신뢰성을 심각하게 의심할 수밖에 없고, 후자라면 정말 황당하고 비겁한 짓이다.

국회의원이나 언론의 지적이라고 해도 터무니가 없다면 국민들에게 사실을 알리고 이겨내야 한다. 만일 측정망의 존재 이유를 훼손하는 줄 알면서도 위치를 변경하려 한다면, 그것은 환경부 스스로 자신의 존재 이유를 부정하는 셈이다.

누구보다 문제의 심각성을 잘 알고 있을 관련 학회는 왜 이런 문제에 목소리를 내지 않는지도 이해하기 어렵다. 지금 대한민국 대기오염 측정망은 선무당들과 해당 부처, 관련 전문가들의 무책임한 침묵 속에서 바닥부터 통째로 무너지기 시작했다.

누가 무슨 목적으로 이런 짓을 시작했을까? 지금이 역대 최악의 미세먼지 오염 수준이라고 주장하다가 지금까지의 측정 자료로는 도저히 그러한 주장이 뒷받침되지 않자 측정소 위치를 바꿔서라도 지금의 오염도를 과거보다 높이려고 하는 것일까? 오염 측정 농도를 조금이라도 높여서 시민들이 마스크나 공기청정기를 더 구입하게 만들려는 것일까?

설마 그런 음모가 실제로 존재하리라고는 꿈에서도 상상할 수 없다. 그런 오해를 받기 싫다면, 대한민국 미세먼지 측정망을 흔드는 시도를 지금이라도 즉각 중단해야 한다.

노후 석탄화력발전소 조기 폐쇄에 찬성한다

2017년 7월 25일 환경부는 충남 지역 40개 지점에서 미세먼지(PM2.5) 농도를 실측한 결과 "2015년과 2016년 6월의 평균치에 비해 15.4%인 $4\mu g/m^3$이 감소($26 \rightarrow 22\mu g/m^3$)했다"라고 밝혔다. 언뜻 작아 보이는 수치이지만 세계보건기구 평가기준으로는 이 지역의 미세먼지로 인한 조기 사망률을 약 2.4% 낮출 수 있는 대단한 개선이라고 할 수 있다.

환경부는 문재인 대통령이 당선 직후 시행한 노후 석탄화력발전소 가동 중단 효과가 미세먼지 감소로 나타났다고 설명했다. 그러나 이 설명을 근본적으로 부정하는 단서를 달았다. 모델링으로 평가해보니 석탄화력발전소 가동 중단에 따른 실제 저감 효과는 1.1%인 $0.3\mu g/m^3$에 불과하다는 것이다. 미세먼지 농도를 실측한 결과만 보면 큰 효과가 있는 것처럼 보이지만, 실제로는 소수점 아래 숫자여서 아무 효과가 없었다는 의미이다. 결국 대단한 성과가 있었다는 각종 수사적 표현으로 덧칠하긴 했지만, 노후 석탄화력발전소 가동 중단의 효과는 사실상 극히 미미했다는 것이 환경부 보도자료가 실제 주장하는 결론이다.

환경부 발표 내용은 이처럼 롤러코스터 타듯 극도로 갈팡질팡하고 황당무계하며, 아주 교묘하고 악의적이라고 볼 수도 있다. 그래서 언론 역시 성과가 '있다', '없다'로 보도 방향에 큰 혼란을 겪었다.

미세먼지 실측값 감소의 의미

지금까지 환경부는 '우리나라 미세먼지 농도가 봄·겨울에는 높아지고 여름·가을에는 낮아지는 것은 중국발 미세먼지의 영향 때문'이라고 일관되게 주장해왔다. 이 주장에 따르면 이번 조사 기간인 6월은 초여름이어서 중국 영향이 상대적으로 적은 시기에 속한다.

또한 미세먼지만이 아니라 모든 대기오염물질은 대기 중 확산이나 감소에 영향을 미치는 기상 조건에 따라 농도가 크게 달라진다. 따라서 대기오염의 단기간 변화를 해석할 때는 기상 조건의 영향을 신중하게 고려해야 한다.

그런데 환경부 발표에 따르면, 2017년 6월에는 미세먼지 오염도에 큰 영향을 미치는 기상 조건인 강수일수와 평균 풍속이 예년과 유사한 수준이었다. 그렇다면 결론적으로 2017년 6월은 중국 영향이 매우 적은 초여름이었고, 기상 요인들은 큰 차이가 없었기 때문에 노후 석탄화력발전소 가동 중단이라는 내부 오염물질 저감이 미세먼지 오염도 개선에 상당히 긍정적으로 영향을 미쳤을 것이라고 평가해도 무리가 없다.

환경부 모델링 평가의 문제점

예외 없이 환경부는 '국립환경과학원의 대기오염 모델링'에 휘둘리고 말았다. 그들은 이번에 충남 지역의 미세먼지 오염도가 15.4% 줄어든 것은 석탄화력발전소 가동 중단의 영향이 아니라 풍향과 외부 오염물질 유입이 예년에 비해 유리한 조건이었기 때문이라고 주장했다.

석탄화력발전소 가동 중단의 영향은 불과 1.1%이고 개선된 효과의 약 93%(전체 15.4% 감소분 중에서 다른 요인에 의한 감소분 14.3%가 차지하는 비율)는 다른 요인의 변화 때문이라는 것이다. 그러면서도 충남 지역의 미세먼지 감소에 기여한 외부 오염물질 요인이 중국발 미세먼지인지, 인접 지자체의 대규모 오염원인지, 제3의 무엇인지, 아니면 그 종합인지 구체적으로 밝히지 않았다.

모델링은 해본 사람은 모두 알듯이 고무줄 같은 것이다. 모델은 어디까지나 추정치여서 실측치가 나타난 원인을 합리적으로 설명해주는 보조 역할을 할 뿐이다. 어떤 입력 자료를 사용했는지를 상세하게 밝히고, 모델링 결과가 실측치와 얼마나 잘 부합하는지에 관한 정합도와 결과의 불확실성에 대한 정보를 모두 제공해야 그나마 모델링 결과를 신뢰할 수 있다. 이런 정보가 없는 국립환경과학원 모델링 결과가 사실이라는 증거는 어디에도 없다. 반면 충남 지역 40곳에서 측정한 미세먼지 오염도가 대단히 큰 폭으로 감소했다는 실측치는 누구도 부인할 수 없는 분명한 사실이다.

대기오염 현상은 워낙 변수가 많고 가변적이어서 이런 개선 효과가 전부 노후 석탄화력발전소 가동 중단에 따른 것이라고 단언할 수는 없다. 하지만 그 어떤 모델링 결과로도 이번 조치의 효과가 전혀 없다고 단언할 수 없다. 더구나 제대로 학술적 신뢰를 획득한 근거도 없고, 쓰레기 수준이라고까지 평가받는 모델링이라면 더욱 그렇다.

미세먼지 실측값 감소의 올바른 해석

환경부가 이번 조사의 의미를 다음과 같이 정리했다면 누구도 이견을 제시하지 않았을 것이다.

- 노후 석탄화력발전소 가동을 중단했던 6월에 충남 지역의 미세먼지 오염도는 예년에 비해 평균 15.4%라는 획기적인 수준으로 개선되었다.
- 6월은 중국발 미세먼지의 영향이 크게 감소하는 것으로 알려진 기간이고, 또한 미세먼지 오염도에 큰 영향을 미치는 기상 조건인 풍속이나 강수일수도 예년의 같은 기간과 비슷했기 때문에 개선 효과의 상당 부분은 노후 석탄화력발전소 가동 중단에 따른 오염물질 배출량 감소와 관련이 있을 것으로 추정된다.
- 그러나 1회의 단기간 조사로는 결론을 내리기 어려우므로 내년에는 기간과 대상 지역을 확대해 조사연구를 실시할 예정이다.

노후 석탄화력발전소 가동 중단이 미세먼지 오염도에 미친 영향에 대한 이번 환경부의 평가는 환경부가 계속 어설픈 모델링 결과를 토대로 미세먼지 정책을 결정하고 평가하면 어떤 문제가 발생할지 잘 보여준다. 즉 '백약이 무효'라는 결론만 도출할 것이다.

환경부는 국내 미세먼지 배출량 저감의 효과를 부정하거나 왜곡하는 국립환경과학원 등 모델링 학자들의 거짓 논리에서 벗어나야 한다. 화석연료 사용을 줄이는 모든 대책은 미세먼지, 나아가 온실가스를 줄이는 데 유효하다는 사실은 대기오염 개선의 역사가 증명하는 진실이다.

최악의 공해 도시,
뉴욕과 런던은 어떻게
깨끗한 도시가 되었나

현재 세계에서 미세먼지 오염도가 가장 낮은 도시들은 미국, 일본, 유럽의 도시들이다. 뉴욕은 2016년 기준으로 PM10 오염도가 $16\mu g/m^3$으로 전 세계에서 미세먼지 오염도가 가장 낮은 대도시이다. 런던이나 베를린 같은 유럽 도시들도 $20\mu g/m^3$을 약간 초과하는 수준이며, 일본의 주요 도시들도 $20\sim30\mu g/m^3$의 낮은 수준을 유지하고 있다. 그래서 우리나라 미세먼지 오염 수준은 OECD 국가 중 최하위권이니 빠른 시간 안에 이들 선진국 도시처럼 개선해야 한다고 강조하곤 한다.

그런데 재미있는 점은 뉴욕이나 오사카, 런던 같은 미국과 일본, 유럽의 도시들이야말로 인류 역사상 최악의 대기오염, 미세먼지 오염 도시들이었다는 사실이다. 1950~1960년대 이들 도시는 지금의 아프리카, 서남아시아, 인도나 중국과는 비교도 안 될 만큼 대기오염 수준이 처참했다.

1953년 11월 추수감사절 뉴욕의 TSP 농도는 1,000$\mu g/m^3$ (PM2.5로도 수백 $\mu g/m^3$에 해당하는 오염도)을 넘어섰다. 그 후 대기 오염을 규제하면서 뉴욕의 TSP는 1972년 280$\mu g/m^3$, 1993년 207$\mu g/m^3$으로 감소했고, 지금은 세계에서 가장 깨끗한 대기 상태를 유지하는 도시가 됐다.

대형 스모그 사건으로 가장 유명한 런던은 1950년대 초반

그림5 1950년대 뉴욕의 대기오염 (출처: 《LIFE》)[8]

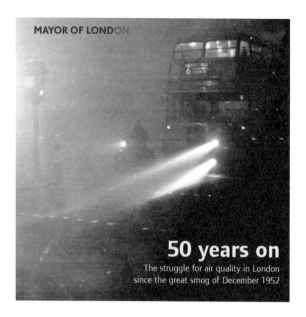

그림6 1950년대 런던의 스모그. 대낮에도 앞이 보이지 않았다.[9]

그림7 1950~1960년대 오사카의 대기오염 (출처: 오사카 시청)

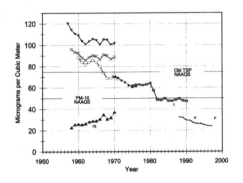

그림8 미국 도시들의 미세먼지 개선 장기 추세 (출처: EPA)[10]

120~440$\mu g/m^3$의 먼지 오염도를 보였다. 1952년 겨울 안개가 자욱하게 끼고 바람이 없는 상태에서 12월 5일 490$\mu g/m^3$에서 2,460$\mu g/m^3$으로 농도가 급상승했으며, 7일과 8일에는 급기야 4,460$\mu g/m^3$까지 치솟았다. 평소의 10~20배까지 급증한 것이다.

4,000$\mu g/m^3$이 넘는 오염도는 지금은 상상할 수도 없을 만큼 높은 수준이다. 잘 알려진 대로 이 기간에 사망자가 예년보다 급증했고, 이로 인해 대기오염의 무서움을 알게 됐다. 그 후 연소시설에 대한 대기오염 규제가 본격적으로 시작됐고, 덕분에 대기오염이 급속도로 개선되었다.

그림10은 독일의 대표적 공업지역이었고 그래서 대기오염이 극심했던 라인강과 루르강 주변 지역의 오염 농도 변화를

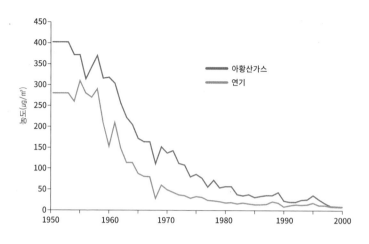

그림9 런던의 대기오염 개선 장기 추세 (출처: AEA Technology Environment)[11]

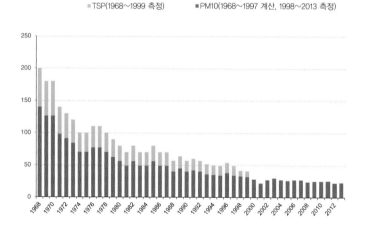

그림10 독일 공업지역 라인-루르의 미세먼지 변화 추세 (출처 : LANUV NRW)[12]

나타내는데, 미세먼지 오염은 수십 년에 걸쳐 점진적으로 개선된다는 사실을 잘 보여준다.

반복되는 미세먼지 오염과 개선의 역사

역사는 반복된다. 과거에는 가정에서 난방과 취사를 통해서만 대기오염물질에 노출되었다. 그러나 산업혁명 이후 화석연료와 자동차 사용의 급증으로 대기오염물질이 광범위한 거주 지역 전체의 공기를 오염시키면서 주민들에게 큰 건강 피해를 일으켰다.

미국, 유럽, 일본 등 가장 먼저 공업화와 도시화를 겪은 선진국들은 1950~1960년대에 극심한 대기오염을 겪었다. 이후 대기오염 규제와 관리를 통해 매우 큰 폭으로 대기질 개선에 성공했으며 세계보건기구 권고기준에 도달한 도시들도 상당수 나타났다.

중진국들은 1970~1980년대에 가장 심각한 대기오염을 겪었고, 그 후 어느 정도 개선에 성공했지만 아직 더 개선해 나가야 하는 수준이다. 그리고 지금은 아시아와 아프리카 개발도상국들이 가장 심한 미세먼지 오염을 겪고 있다.

우리나라는 다른 중진국들과 마찬가지로 1970~1980년대에 극심했던 대기오염을 그동안 상당 부분 개선했다. 앞으로도 선진국 도시들이 그랬듯이 더 깨끗하고 건강한 공기를 확보하기 위해 지속적인 노력을 기울여야 한다.

오염도가 매우 높던 시절에는 연료 정책이나 배출가스 규제 등 몇 가지 정책만으로도 쉽게 오염을 개선할 수 있었다. 그러나 미세먼지 오염도가 개선될수록 점점 추가적인 개선이 어려워지기 마련이다. 그럴수록 지금까지 효율적으로 관리하지 못했던 오염원을 추가적으로 철저하게 관리해 나가는 것 이외에는 다른 방도가 없다. 미세먼지 오염을 우리의 절반 수준까지 낮추는 데 성공한 미국, 유럽, 일본 중 어느 국가도 무슨 요술 방망이 같은 특별한 방법을 사용하지 않았다.

마스크 쓰고, 공기청정기 설치하고, 학교마다 측정망 설치하겠다고 하고, 이웃나라 탓하고, 특히 말도 안 되는 '정지인공위성', '인공지능', '인공강우', '야외 공기청정기', '첨단 과학기술 개발' 운운하는 대책은 미세먼지만이 아니라 대기오염 개선의 역사에서 사례를 찾아볼 수가 없다. 한몫 잡으려고 온갖 그럴 듯한 교언이나 거짓말로 바람 잡는 업체와 전문가들을 경계해야 한다.

"아니 땐 굴뚝에 연기 나랴"라는 말처럼 미세먼지만이 아니라 모든 대기오염의 주원인이 화석연료와 자동차 사용 증가, 그리고 소각에 따른 배출량 증가임은 명명백백한 사실이다. 그렇다면 화석연료와 자동차 사용, 그리고 소각으로 인한 오염물질 배출량을 줄이는 것이 해결 방법이다.

1950년대 런던에서 큰 비중을 차지한 연료였던, 미세먼지 배출량이 많은 석탄과 고형연료는 이제 완벽하게 퇴출되었다. 그 연료들을 한동안 대체했던 석유의 사용 비율도 지금은 매우 낮아졌다. 미세먼지 오염이 감소할 수밖에 없다.

티끌 모아 태산이다. 연료 사용을 줄이며 효율을 높이고, 오염물질 배출을 감소시키고, 차량 배출가스를 규제하고, 차량 운행을 줄이는 모든 대책은 미세먼지 감소에 효과가 있다. 비용 대비 효율의 높고 낮음이 있을 뿐이다.

일시적 효과밖에 없는 대책에 많은 세금을 사용하는 것은 비판해야 하지만, 지금처럼 내용을 잘 알지도 못하는 언론이

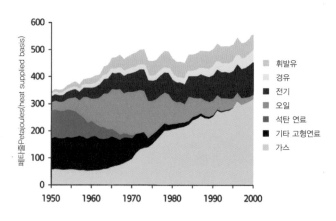

그림11 런던의 미세먼지 오염 해결에 크게 기여한 연료 사용 패턴의 변화.[13]

나 전문가들이 문재인 정부나 산업체의 미세먼지 배출량 저감을 위한 노력에 토를 달고 시비를 거는 행태는 지양되어야 한다.

그런 의미에서 문재인 정부의 노후 석탄화력발전소 봄철 가동 중단을 적극 지지한다. 더 나아가 정부는 석탄화력발전소의 조기 퇴출 정책을 추진해야 한다. 그에 따른 전기료 인상 등과 같은 사안에 대해 국민들에게 솔직하게 협조를 요청하는 용기가 필요하다. 문재인 정부가 앞으로도 임기 내 미세먼지 배출량을 30% 줄이겠다는 공약을 성실히 이행하기를 바란다.[14]

미세먼지를 줄이기 위해
지금 우리가 할 수 있는 일

미세먼지에 대한 국민적 우려가 높지만, 대부분 오염도가 상대적으로 높은 날에만 관심을 갖는다. 언론 역시 국립환경과학원에서 오염도가 높아질 것이라고 예보하면 "마스크를 준비하라", "외출이나 환기를 삼가라" 같은 보도를 내보내는 데 그치는 경우가 대부분이다.

평상시의 미세먼지 발생량 저감을 강조하는 언론 보도는 정말 보기 힘들다. 심지어 일부 언론은 정부가 미세먼지 감축 조치를 시행하거나 계획을 발표할 때마다 "정작 중요한 중국발 미세먼지에 대한 대책이 없다"라며 의미를 깎아내리기에 여념이 없다. 편견에서 헤어나지 못하고 있는 것이다.

이런 분위기 때문인지 환경부나 지방정부 역시 평상시 미세먼지 발생량을 줄이려는 노력보다는 오염도가 높은 날의 대책 마련에 더 신경을 많이 쓴다. 2018년 1월에 몇 번 실행했다가 중단한 서울시 대중교통 무료 정책이 대표적인 예이다. 그런가 하면 차량 2부제나 공기청정기, 마스크 공급처럼 미세먼지 오염 개선과는 거리가 먼 낭비성 단기 대책들을 적극적으로 추진하기도 한다.

단기간 노출과 장기간 노출, 뭐가 더 중한가?

미세먼지 등 대기오염의 건강 영향은 단기간의 고농도 노출에 의해서만 발생하는 것이 아니라 장기간의 노출에 의해서도 발생한다. 그래서 장기 기준(연평균 기준)과 단기 기준(미세먼지는 일평균 기준)이 각각 정해져 있다. 둘 중 어느 기준에 더 신경을 써야 하는지는 오염 수준이나 각 국가나 도시의 상황에 따라 달라질 수 있다.

평상시 미세먼지 오염 수준이 매우 높은, 예를 들어 PM10 기준으로 300~400$\mu g/m^3$ 사이를 오가는 도시라면 대기 순환이 어려운 기상 상태가 발생할 경우 오염도가 1,000$\mu g/m^3$ 또는 수천 $\mu g/m^3$ 이상으로 높아질 수 있다. 그럴 경우 과거 런던 스모그나 뉴욕의 추수감사절 사건처럼 심각한 인명피해가 발생할 수 있기에 고농도 오염 발생일에 대한 대책이 매우 중요하다.

그러나 연평균 오염 수준이 $50\mu g/m^3$ 미만인 도시는 특정일에 오염도가 많이 높아져도 $200\mu g/m^3$ 정도이고, 이런 수준의 단기간 노출로는 보건학적으로 의미 있는 문제가 발생하지는 않는다. 따라서 장기적인 건강 영향, 즉 연평균 오염도를 낮추는 데 관심을 기울이는 편이 바람직하다.

지금은 개발도상국 도시들을 제외하고는 대부분 미세먼지 농도가 많이 낮아져서 단기간에 건강에 큰 피해를 주는 사건이 발생할 확률은 극도로 낮다. 그래서 세계보건기구 역시 장기 기준을 강화해가면서 그 기준을 달성하는 데 더 관심을 기울일 것을 권고하고 있다.

우리나라 역시 미세먼지 오염도가 과거에 비해 낮아져서 대부분 도시가 연평균 $50\mu g/m^3$ 미만이므로 고농도 오염에 대한 대비보다는 평상시 오염을 줄이기 위한 노력을 기울여야 한다. 그럼에도 지금처럼 정부와 언론, 시민들이 상대적으로 높은 농도에만 과도하게 반응하는 것은 미세먼지의 건강 영향이나 관리 방안에 대한 지식이 부족하고 세계보건기구 가이드라인을 제대로 이해하지 못하기 때문이다. 이런 착각은 미세먼지로 인한 건강 영향을 감소시키기 위한 정책에 혼선을 일으켜 국민 건강 보호에 오히려 방해가 될 수 있다.

미세먼지 단기 대책과 장기 대책

미세먼지가 고농도인 날에 대한 대책은 단기적인 건강 영향을 줄이기 위한 조치이다. 그림12는 서울시의 1년간 미세먼지 오염도 분포이다. 예를 들어 미세먼지 농도가 상대적으로 높은 $100\mu g/m^3$을 초과한 날들의 농도를 낮춰서 그날의 단기적인 건강 영향을 줄이려고 시도한다면, 그것이 곧 고농도 오염 단기 대책이다.

서울시가 실시한 대중교통 무료 정책과 중앙정부에 법적 강제를 요구한 차량 2부제도 이에 해당한다. 마스크를 착용하도록 홍보하거나 외출하지 않도록 주의를 주거나 공기청

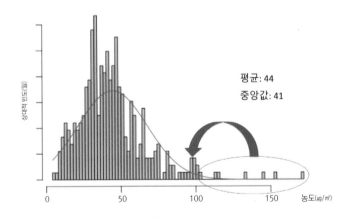

그림12 고농도 오염도 감소를 위한 단기 대책 방식

정기를 공급하는 등의 대응도 실제 저감효과는 없고 부작용만 있다는 점을 논외로 한다면, 고농도 오염에 대한 단기 대책으로 분류할 수 있다.

반면 평상시 오염도를 줄이기 위한 대책은 장기적인 건강 영향을 줄이려는 조치이다. 연료 사용량을 줄이거나, 미세먼지 발생량이 적은 연료로 교체하거나, 노후 시설이나 장비를 교체 또는 폐쇄하거나, 집진장치 등을 통해 대기 중으로 오염물질이 배출되는 것을 억제하는 방법 등이 이에 해당한다. 평상시 미세먼지 발생량을 줄여서 연평균 오염도를 해마다 조금씩 낮춰 나가려는 것이다.

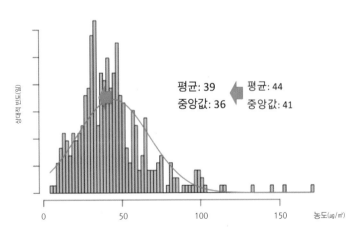

그림13 평균 오염도를 감소시키는 장기 대책 방식

장기 대책이 훨씬 효과적이다

일반인들은 미세먼지 오염도가 높은 날에 건강 영향이 클 테니 그런 날에 대한 대책이 중요하다고 생각할 수 있다. 따라서 장기적인 건강 영향을 줄이려는 대책의 필요성을 부인하지는 않더라도 상대적인 고농도에 대한 단기 대책이 더 효과가 크다고 생각할 수 있다. 그러나 실제로는 연중 며칠 안 되는 고농도 오염일에 대한 대책보다는 연평균 오염도를 줄여나가는 편이 효율적일 뿐만 아니라 실제 건강 영향에 미치는 효과도 비교가 안 될 정도로 크다. 이는 과학적으로도 설명이 가능하다.

세계보건기구는 사망률 증감을 근거로 미세먼지에 관한 가이드라인을 제시하고 있다. 또한 문턱값Threshold이라고 할 수 있는, 더 이상 건강 영향이 없는 농도가 확인되지 않기 때문에 최대한 오염도를 낮출수록 좋다는 원칙이 있다. 세계보건기구는 수많은 역학연구 결과를 검토해서 PM10 연평균 값을 $10\mu g/m^3$ 감소시키면 장기적인(연평균) 사망률이 3% 낮아지고, 일평균 값의 경우에는 $10\mu g/m^3$ 감소시키면 단기적인(일평균) 사망률이 0.5% 낮아진다고 본다.

이렇게 차이가 크게 나는 이유는 미세먼지 오염에 장기적으로 노출되는 것이 단기적인 노출보다 건강에 미치는 영향이 훨씬 크다고 역학연구 결과들이 말해주고 있기 때문이다. 학술적으로 굳이 따지지 않고 상식적으로만 생각해봐도 충분히 이해할 수 있는 결과이다.

세계보건기구의 가이드라인 설정 근거를 토대로 미세먼지 단기 대책과 장기 대책의 효과를 비교해보자. 서울시의 1년간 미세먼지 오염도 분포를 보면 미세먼지 연평균 농도가 $44\mu g/m^3$이고, $100\mu g/m^3$을 초과하는 날은 1년 동안 7일이었다.

강제 차량 2부제든 그 어떤 단기 대책으로도 $150\mu g/m^3$인 날의 오염도를 $100\mu g/m^3$으로 $50\mu g/m^3$ 낮추기는 극도로 힘들어서 사실상 거의 불가능하다. 그렇지만 어떤 단기 대책의 효과가 엄청나서 그럴 수 있다고 가정해보자. 일평균 농도가 $100\mu g/m^3$을 초과했지만 $150\mu g/m^3$에는 미치지 않았던 날도 모두 $50\mu g/m^3$을 감축했다고 가정해서 단기 효과를 최대치로 산출해보면, 그 효과는 총 0.175가 된다.

같은 방식으로 장기 대책의 효과를 산출해보면, 연평균 오염도를 단 $1\mu g/m^3$만 개선해도 그 효과는 앞에서의 단기 대책 효과에 비해 6배 이상 높다. 장기적인 효과는 365일 나타나고, 세계보건기구 기준에 따르면 동일 오염도 수치 감소에 대한 사망률 감소 효과가 단기 영향에 비해 6배나 높기 때문에 이런 결과가 산출되는 것이다. 단기 대책 효과를 극대화

	전 (µg/m3)	후 (µg/m3)	개선량 (µg/m3)	일	감소 단위 (%/µg/m3)	총 감소량	상대비율
고농도 대책	150	100	50	7	0.05	0.175	1
평균 대책	44	43	1	365	0.3	1.095	6.3

표1 장기 대책과 단기 대책 효과 비교

해서 가정했다는 점을 감안하면 실제로는 10배 이상의 효과가 있을 것이다. 편의상 PM10으로 설명했지만, PM2.5로 계산해도 결과는 동일하다.

연평균 농도를 단 $1\mu g/m^3$만 감소시켜도 이런 효과가 나타나므로, 현재의 미세먼지 연평균 오염도를 선진국 도시 수준으로 만들기 위한 $20\mu g/m^3$ 저감까지는 몰라도 그 절반인 $10\mu g/m^3$만 낮춰도 그 효과는 단기 대책에 비해 무려 100배가 높다. 따라서 선택은 너무도 분명하다.

또 연평균 오염도가 감소하면 고농도 오염 발생일도 줄어든다는 것은 너무나 명백한 자연 현상이고, 실제 우리나라 도시 오염도 결과도 이를 증명하고 있다. 그림14와 그림15는 연평균 오염도에 따라 $100\mu g/m^3$ 이상인 날과 $150\mu g/m^3$ 이상인 날의 발생 빈도를 나타낸 것인데, 연평균 오염도가 낮아지면 고농도 오염인 날도 줄어든다는 점을 확인할 수 있다.

따라서 연평균 오염도를 낮추는 것은 장기적인 건강 영향을 줄이면서 동시에 단기적인 건강 영향도 줄이는 일거양득의 방법이다.

장기 대책이 실현 가능한 대책이다

장기 대책을 통해 연평균 오염도 $1\mu g/m^3$을 줄이는 것과 7일 동안의 고농도 오염일에 매일 $50\mu g/m^3$을 줄이는 것 중 어느 쪽이 더 힘들고 비용이 많이 소요될 것인가는 판단하기 쉽지 않을 수 있다.

그러나 미세먼지 농도가 $150\mu g/m^3$인 날의 오염도를 $100\mu g/m^3$으로 3분의 1 줄이는 것은 막대한 비용과 불편을 감수한다 해도 불가능하다. 이는 2018년 1월의 서울시의 대중교통 무료 정책이나 2019년 2월 특별법 발효 후에 실시한 고농도일의 대책 사례만이 아니라 지금까지의 어떤 경우를 봐도 분명한 사실이다. 반면 연평균 오염도를 줄여 나가는 것은 $1\mu g/m^3$ 정도가 아니라 그 이상도 얼마든지 가능하다. 이는 이미 우리도 경험했고, 수많은 선진국 도시에서도 입증되었다.

대한민국은 수천만 대의 자동차가 굴러다니고 1인당 온실가스 배출량도 세계적인 수준이라 엄청난 양의 화석연료를

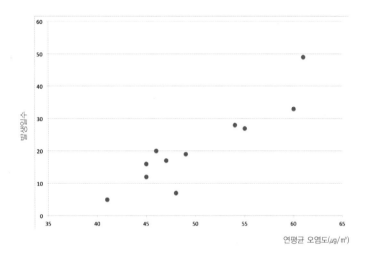

그림14 연평균 오염도와 100μg/㎥ 이상인 날의 상관관계(서울시 2006~2016년)

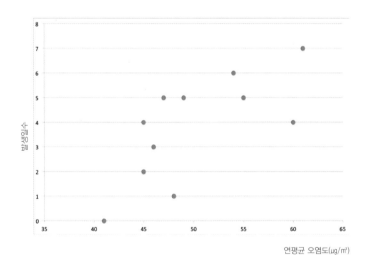

그림15 연평균 오염도와 150μg/㎥ 이상인 날의 상관관계(서울시 2006~2016년)

사용하고 있는데, 미세먼지 발생량을 더 줄일 여지가 없다는 것은 혹세무민하는 발언일 뿐이다.

평상시 오염 감소가 정답이다

앞에서 설명한 대로 상대적으로 미세먼지 농도가 높은 날에만 신경 쓴다고 해서 보건학적인 문제가 줄어들지는 않는다. 평상시 오염도를 지금보다 훨씬 줄여야만 가능하다. 그렇다고 미세먼지가 '보통'인 날에도 불안해하며 마스크를 쓰라는 뜻은 결코 아니다.

오염이 높은 날 아이들에게 마스크를 씌우고 밖에 못 나가게 할 게 아니라, 오히려 평상시 오염도를 다만 얼마라도 낮출 수 있도록 정부에 대책을 요구하면서 개인이 할 수 있는 일도 실천하는 것이 미래 세대의 건강을 보호하는 진짜 방법이라는 뜻이다.

미세먼지 연평균 오염도를 낮춤으로써 얻을 수 있는 쾌적한 환경의 이점은 다른 부수적 효과를 모두 차치하고 건강 효과만 보더라도 실로 엄청나다.

미세먼지가 싫다면 대기오염 관리와 개선의 역사가 입증하듯 평상시 미세먼지 발생량 자체를 줄이고 그것이 구조적

으로 가능한 경제·사회 시스템을 갖추는 것만이 유일한 해결

방법이고 정답이다.

어린이를 보호하기 위해 무엇을 해야 할까

2018년 10월 28일 세계보건기구는 세계 15세 미만 어린이 중 93%에 해당하는 18억 명이 미세먼지(PM2.5) 권고기준보다 높은 오염된 공기 속에서 살고 있다고 발표했다. 또 그중 약 60만 명은 대기오염과 더불어 가정에서의 난방과 취사로 인한 실내 공기오염으로 사망하는 것으로 평가했다.

15세 미만 어린이의 약 3분의 1인 6억 3,000만 명은 5세 미만 어린이들이다. 저소득 또는 중간소득 국가의 경우에는 98%, 고소득 국가의 경우에도 52%의 5세 미만 어린이들이 세계보건기구의 미세먼지 권고기준을 초과하는 공기에 노출되어 있다.

세계 거의 모든 나라가 크고 작은 차이는 있으나 미세먼지로 인해 피해를 입고 있다는 뜻이다. 미세먼지 문제 해결을 위한 노력에는 어떤 나라도 예외일 수 없다.

그림16은 각국의 5세 미만 어린이 10만 명당 공기오염으로 인한 사망자 수를 나타낸 것이다. 아프리카 중부와 인도 등이 가장 심각하고, 대부분의 아프리카 국가와 중국, 동남아 등이 그다음 수준이다.

우리나라는 미국, 유럽, 일본, 대양주 등과 함께 가장 양호한 범주에 속해 있다(10만 명당 3명 미만). 일반 대기 환경의 미세먼지 오염도는 동일 범주의 다른 국가들보다 높지만, 5세 미만 어린이 사망에 가장 큰 영향을 주는 요인인 난방 및 취사로 인한 실내 공기오염이 현저히 낮기 때문이다.

미세먼지로부터 어린이들의 건강을 보호하기 위해 모든 국가는 대기오염을 줄이기 위한 정책을 이행하고, 세계보건

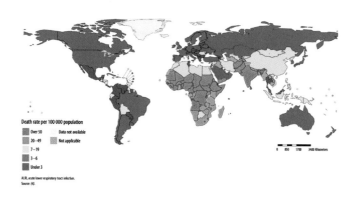

그림16 5세 미만 어린이 10만 명당 공기오염으로 인한 사망자 수[15]

기구의 권고기준에 맞추도록 노력해야 한다. 구체적으로 세계보건기구는 다음과 같은 방안을 제시한다.

- 에너지 공급 구조에서 과도한 비중을 차지하고 있는 화석연료의 비중을 낮춰야 하며, 에너지 효율 향상과 재생에너지 확대를 위해 투자해야 한다.
- 재활용 등 쓰레기 처리 시스템 향상을 통해 지역사회에서의 쓰레기 소각을 줄여야 한다.
- 가정의 취사, 난방, 조명에 청정 기술을 도입하면 가정과 주변 지역 공기의 질을 극적으로 개선할 수 있다.
- 어린이가 오염된 공기에 노출되지 않도록 하기 위해서 학교와 놀이터는 번잡한 도로나 공장, 발전소 등 주 오염원으로부터 멀리 떨어져 있어야 한다.

우리나라에서 미세먼지로부터 어린이를 보호하고자 실시하는 마스크 착용이나 공기청정기 설치에 대해 세계보건기구는 단 한마디도 언급하지 않는다. 숨 쉬기 힘들게 만드는 마스크 착용이나 공기가 탁한 공간의 창문을 닫고 공기청정기를 트는 것은 오히려 아이들 건강에 해롭기 때문이다.

$500 \sim 1{,}000km$ 떨어진 중국에서 날아온다는 미세먼지만 신경 쓰며, 정작 아이들에게 직접 피해를 주는 학교 주변 오염

그림17 세계 어린이 90%가 안전하지 못한 공기를 마시고 있다는 세계보건기구의 주장

원에 대해서는 무관심하고, 그것을 찾아내 줄이려는 노력은 일절 하지 않는 것이 우리의 모습이다. 미세먼지의 위험성을 인지하고 있는 다른 나라들에서는 찾아볼 수 없는 태도이다.

과도한 아이들 걱정에 판단력을 잃고 마스크 회사와 공기 청정기 회사의 판촉사원 역할을 열심히 수행하고 있는 정부, 언론, 사이비 전문가들에게 현혹돼 정작 중요한 것을 놓치고 있지는 않은지 의심해볼 일이다.

학술적 근거도 없고 출치도 알기 어려운 허무맹랑한 주장을 무비판적으로 수용하지 말고, 세계보건기구 등 국제기구의 자료나 권고를 제대로 참고해야 한다. 그것이 지구촌의 공통 인식이고 상식이기 때문이다.

주변에서는 왜 대다수 국민들 생각과 다른 내용을 그렇게 열심히 주장하느냐고 묻는다. 온갖 모함과 모욕을 당하면서까지 사람들을 설득하려고 할 필요가 있느냐고도 한다. 하지만 그럴수록 더 열심히 글 쓰고 강연하고 설득해야 한다는 생각만 들 뿐, 침묵하거나 뒤로 물러서야겠다는 생각은 단 한 순간도 해보지 않았다.

단순히 오기는 아니었다. 지금껏 여러 사건에서 부딪쳐온 나의 관성에 따른 것일지도 모르겠다. 서른을 갓 넘긴 젊은 나이에 주제넘게도 '대중성, 운동성, 전문성'을 환경운동의 비전으로 제시하며, 대중적 규모의 운동단체가 필요하고, 과학과 과학자를 배척하지 않고 전문성을 활용하는 환경운동이 필요하다는 글을 발표하기도 했다.

'무엇을 하며 살 것인가', '어떤 삶을 살 것인가' 하는 젊은 시절의 고민에 대한 나의 답은 '환경운동을 하는 삶'이었다. 1980년대 초반에 그렇게 결심하고 나니 '어떤 환경운동을 할 것인가', '어떤 환경운동가가 될 것인가' 하는 고민이 뒤따랐다. 그에 대한 결론은 '가장 운동성이 강한 전문가'이자 동시에 '가장 전문성이 높은 운동가'였다.

평생 그런 길을 걷고자 노력했고, 그에 가장 적합한 직업이 교수임을 깨닫고는 당시로써는 흔치 않게 국제 학술지에 논문을 게재하고 해외 연구 실적을 쌓는 등 직업적 여건을 마련하기도 했다. 2018년 설립해 이사장을 맡고 있는 재단법인 '숲과나눔'이 키우려는 미래 인재상을 '가장 공공성이 강한 과학자', '가장 과학성이 높은 사회운동가'로 설정한 것도 젊은 시절 이상적으로 생각했던 지식인의 모습과 무관하지 않다.

가장 운동성이 강한 전문가이자 가장 전문성이 높은 운동가를 추구하는 여정은 늘 순탄치 않았고 환경단체 안에서도 종종 논란을 불러일으켰다. '그냥 비판하고 투쟁하면 될 일이지, 왜 대안을 생각하고 대화를 하려고 하는가?' 하는 비판도 많이 받았다. 환경운동을 하면서도 그저 선명한 주장을 펼치기보다는 항상 '시민'과 '과학'을 염두에 두고 최신의 합리적 대안은 없는지, 갈등 당사자 간 조정 가능성은 없는지 고민해왔다. 또 언론이나 정부는 물론이고 환경단체의 주장이나 많은 사람이 믿는 것이 정말 사실인지 의심하고 확인하는 습관도 생겼다.

가장 선명하고 급진적인 주장을 하는 것이 사회운동이나 환경운동의 중요한 역할이라고 믿는 사람들이 대부분일지 모른다. 하지만 내가 선택한 삶은 가장 극단적인 위치에 서는 것이 아니라 시민들을 설득해 그전까지 선택하지 않았던 대안을 선택하도록 하고 상황을 조금이라도 개선하고 진전시키는 것이었다. 사람은 각자 생각이 다르기 마련이다. 설득을 위해서는 대화가 필요하고, 공정한 대화는 과학에 근거해야 가능하다. 과학 역시 시대에 따라 변하는 것이기에 절대적 가치를 부여할 수는 없지만, 현재까지 공인된 과학이 최선의 대화 수단이라고 믿는다.

21세기는 과학 문명이 절정에 오른 시대이다. 그러나 지금이 과거 어느 때보다 과학적 사실에 근거해 대화하고 문제의 본질을 파악하고 해결방안을 모색하는 시대는 아닌 듯하다. 오히려 가짜 뉴스가 과학의 탈을 쓰고 사람들을 미혹하고 있다. 누구나 인터넷을 통해 정보를 직접 얻을 수 있게 되면서 책임감 있는 전문가 집단이나 언론의 확인·검증 과정은 사라졌다. 그러다 보니 믿고 싶은 사실만 골라 보는 성향이 생겨나고, 확증편향을 강화하는 방식으로 집단화 현상이 벌어지기도 한다.

30여 년 전 미세먼지 연구로 박사 학위를 받고 여러 차례 관련 정책이나 환경운동에 관여하며 미세먼지의 역사를 조금은 알고 있는 입장에서 최근 미세먼지를 둘러싸고 벌어진 혼란은 자괴감이 들 만큼 굉장히 당혹스러웠다. 미세먼지 오염을 관리해야 할 환경부와 지자체는 미세먼지의 원인을 국외로 돌림으로써 자신들의 무능력을 은폐했다. 다수의 환경 전문가들은 미세먼지에 대한 국민의 불안과 공포를 최대한 자극하면서 연구비 확충에 혈안이 됐다. 국민들은 마스크와 공기청정기 등 자구책에 돈을 쓰고, 아침마다 불안에 떨며 길을 나서게 됐다. 이런 공포 분위기 속에서 진실을 아는 이들은 입을 닫았다.

앞으로도 더 많이 개선돼야 하지만, 수많은 이들의 노력과 다양한 정책 덕에 과거보다 미세먼지 오염도가 많이 개선된 것은 분명한 과학적·역사적 사실이다. 이런 기본 사실마저 부정하고, 미세먼지를 개선하기 위해 국내 발생량을 줄이자는 지극히 당연한 주장이나 정책에 대해서도 집단으로 폭력에 가까운 공격을 일삼는 일이 21세기에, 그것도 나의 조국 대한민국에서 벌어지고 있는 현실에 침묵할 수 없었다.

최근 5년간 벌어진 미세먼지와 관련한 혼란의 발생 과정과 악화 양상은 단순히 미세먼지에 국한된 일만은 아닐 것이다. 선동과 언론 조작은 과학이라는 이름으로 우리 사회를 쉽게 혼란에 빠뜨리고, 실제 해결책으로부터 점점 멀어지게 만들 수 있음을 적나라하게 보여줬다. 이를 막으려면 시민들이 이런 혼란이 어떻게 발생하고 전개되는지 살펴봄으로써 선동과 조작에 대한 비판의식을 키우는 것 말고는 다른 방법이 없다. 이런 생각에 동의하는 시민들에게 이 작은 책이 조금이나마 도움이 됐으면 하는 바람이다.

1부

1. 아주대학교 산학협력단 · 질병관리본부, 「미세먼지/황사로 인한 건강피해 최소화 중재연구 개발」, 2014.

2. 장재연 외, 「서울시 대기중 부유분진의 입도별 돌연변이원성의 월변화」, 《약학회지》 32(5), 1988, 362~369쪽.

3. 장재연 외, 「서울시 대기중 부유분진의 입도별 돌연변이원성의 월변화」, 《약학회지》 32(5), 1988, 362~369쪽.

4. International Agency for Research on Cancer, "Preamble to the IARC monographs-scientific review and evaluation", Lyon: IARC, 2006. (http://monographs.iarc.fr/ENG/Preamble/currentb6evalrationale0706.php.)

5. U.S. EPA, "Guidelines for Carcinogen Risk Assessment", 51 FR 33992-34003, 1986.

6. https://ntp.niehs.nih.gov/pubhealth/roc/process/index.html#Process-for-Preparation-of-the-Report-on-Carcinogens.

7. Hsu, A. et al, "Environmental Performance Index", New Haven, CT: Yale University, 2016.(www.epi.yale.edu.)

8. https://www.who.int/airpollution/data/cities-2016/en.

9. https://www.who.int/airpollution/data/cities/en.

10. http://apps.who.int/gho/data/node.main.BODAMBIENTAIRDTHS?lang=en.

11. https://www.who.int/gho/phe/outdoor_air_pollution/burden/cn.

12. WHO, "WHO Air quality guidelines for particulate matter, ozone, nitrogen dioxide and sulfur dioxide", 2005.

13. EPA, "Air Quality Guide for Particle Pollution".(https://airnow.gov/index.cfm?action=pubs.aqguidepart.)

2부

1. https://tenki.jp/pm25.

2. https://en.wikipedia.org/wiki/Outline_of_air_pollution_dispersion.

3. https://www.cmascenter.org/cmaq.

4. https://news.naver.com/main/read.nhn?oid=001&aid=0008073783.

5. F. Yang, J. Tan, Q. Zhao, Z. Du, K. He, Y. Ma, F. Duan, G. Chen, and Q. Zhao, "Characteristics of PM2.5 speciation in representative megacities and across China", *Atmos. Chem. Phys* 11, 2011, pp. 5207~5219.

6. F. Yang, J. Tan, Q. Zhao, Z. Du, K. He, Y. Ma, F. Duan, G. Chen, and Q. Zhao, "Characteristics of PM2.5 speciation in representative megacities and across China", *Atmos. Chem. Phys* 11, 2011, pp. 5207~5219.

7. "Airborne particles cause more than 3m early deaths a year", *The Economist*, 1st April, 2017.(https://www.economist.com/science-and-technology/2017/04/01/airborne-particles-cause-more-than-3m-early-deaths-a-year.)

8. WHO, Regional Office for Europe & Joint WHO/Convention Task Force on the Health Aspects of Air Pollution, "Health risks of particulate matter from long-range transboundary air pollution", 2006.

9. WHO, Regional Office for Europe & Joint WHO/Convention Task Force on the Health Aspects of Air Pollution, "Health risks of particulate matter from long-range transboundary air pollution", 2006.

10. WHO, Regional Office for Europe & Joint WHO/Convention Task Force on the Health Aspects of Air Pollution, "Health risks of particulate matter from long-range transboundary air pollution", 2006.

11. WHO, Regional Office for Europe & Joint WHO/Convention Task Force on the Health Aspects of Air Pollution, "Health risks of particulate matter from long-range transboundary air pollution", 2006.

12. https://qz.com/197786/six-years-of-bejing-air-pollution-summed-up-in-one-scary-chart.

13. Qiang Zhang, Xujia Jiang, Dan Tong, Steven J. Davis, Hongyan Zhao, Guannan Geng, Tong Feng, Bo Zheng, Zifeng Lu, David G. Streets, Ruijing Ni, Michael Brauer, Aaron van Donkelaar, Randall V. Martin, Hong Huo, Zhu Liu, Da Pan, Haidong Kan, Yingying Yan, Jintai Lin, Kebin He & Dabo Guan, "Transboundary health impacts of transported global air pollution and international trade", *Nature* 543, 2017, pp. 705~709.

14. 오철우, 〈미세먼지 중국 영향 얼마나 되나〉, 《한겨레신문》, 2019년 2월 16일 자.

15. 환경부, 〈한·중·일 환경장관 대구에서 만난다 … 미세먼지 공동대응 논의〉, 2014년 4월 28일 보도자료.

3부

1. 〈이 지도 하나면 지구상의 바람 한눈에 볼 수 있다… "와우!"〉, 《도깨비뉴스》, 2013년 12월 20일 자.

2. https://earth.nullschool.net.

3. 곽노필, 〈이렇게 멋진 기상지도를 봤나〉, 《허핑턴포스트》, 2015년 06월 09일 자. (https://www.huffingtonpost.kr/nopil-kwak/story_b_7532346.html.)

4. https://www.windy.com/?37.501,126.952,5.

5. https://earth.nullschool.net.

6. G Invernizzi, A Ruprecht, R Mazza, E Rossetti, A Sasco, S Nardini, R Boffi, "Particulate matter from tobacco versus diesel car exhaust: an educational perspective", *Tobacco Control* 13, pp. 219~221, 2004.

7. Sandman P. M., "Risk Communication: Facing Public Outrage", *EPA Journal* 13(9), 1987.

8. 〈미세먼지 중국발 유입, 지난해 이미 밝혀냈다〉, JTBC, 2017년 5월 16일 보도.

9. Qiang Zhang, Xujia Jiang, Dan Tong, Steven J. Davis, Hongyan Zhao, Guannan Geng, Tong Feng, Bo Zheng, Zifeng Lu, David G. Streets, Ruijing Ni, Michael Brauer, Aaron van Donkelaar, Randall V. Martin, Hong Huo, Zhu Liu, Da Pan, Haidong Kan, Yingying Yan, Jintai Lin, Kebin He & Dabo Guan, "Transboundary health impacts of transported global air pollution and international trade", *Nature* 543, 2017, pp. 705~709.

10. https://www.stateofglobalair.org/data/#/air/plot.

4부

1. American Thoracic Society, "Respiratory Protection Guidelines", *Am J Respir Crit Care Med* 154, 1996, pp. 1153~1165.

2. U.S. FDA, "Masks and N95 Respirators".(https://www.fda.gov/medical-devices/personal-protective-equipment-infection-control/masks-and-n95-respirators.)

3. Hong Kong Medical Association, Labour Department, Department of Health, and Environmental Protection Department, "Guidance for Physicians On Assessment of Medical Fitness to Use Respirators in Conditions of High Air Quality Health Index", Revised in December 2013.

4. National Environment Agency Singapore. "Frequently Asked Questions on Haze", Updated 28 June 2013.

5. Simon I. Hay, Jonathan Cox, David J. Rogers, Sarah E. Randolph, David I. Stern, G. Dennis Shanks, Monica F. Myers & Robert W. Snow, "Climate change and the resurgence of malaria in the East African highlands", *Nature* 415, 2002, pp. 905~909.

6. Mercedes Pascuala, Andrew P. Dobsonb, and Menno J. Boumac, "Underestimating malaria risk under variable temperatures", *PNAS* 106(33), 2009, pp. 13645~13646.

7. 국립환경과학원,《대기환경연보 2017》, 2018, 90~91쪽.

8. "Smog covering the Empire State Building", *LIFE Magazine*, NY, US, November 21, 1953.

9. Greater London Authority, *50 years on: The struggle for air quality in London since the great smog of December 1952*, 2002.

10. Goklany I.M., *Clearing the air: The real story of the war on air pollution*, Cato Institute, 1999.

11. Greater London Authority, *50 years on: The struggle for air quality in London since the great smog of December 1952*, 2002.

12. Dr Wurzler, S.; Dr Verbücheln, G., "How do we combine nature preservation and pollution reduction? in: European Year of Air 2013 - a location decision in North Rhine-Westphalia", 2013.(http://ec.europa.eu/environment/europeangreencapital/wp-content/uploads/2015/06/05_Application-EGC-2017_Air-Quality_ESSEN.pdf.에서 재인용.)

13. Greater London Authority, *50 years on: The struggle for air quality in London since the great smog of December 1952*, 2002.

14. 장재연, 〈서울의 대기오염을 살핀다〉,《과학동아》, 1986년 3월호. 서울의 대기오염이 세계 최고 수준이며 그 주요 원인은 부유분진(미세먼지)임을 지적하고 대책을 촉구했다.

15. WHO, "Air pollution and child health", 2018.